雰囲気からして美人

トータルビューティーカンパニー
uka代表 ネイリスト
渡邉季穂

uka

ダイヤモンド社

はじめに

「きれいになりたい」「美人と言われたい」というのは、きっと誰もが持っている願いだと思います。

では、美人の条件とはいったい何でしょう。何を備えていれば、美人とみなされるのでしょうか？

八頭身？　大きな目？　すっと通った鼻筋？　確かに素敵ですが、そうでなくとも美人に見える人は、たくさんいますね。

私は、美人かどうかは「雰囲気」で判断されている部分が、実は大きいと思うのです。全体的な雰囲気が素敵な人は、たとえ八頭身やぱっちり二重でなくとも、なんだかきれいで魅力的に見えるもの。

そういう「いい雰囲気」というのは、楽しいことがあったり、嬉しいことが起きたりすると自然に醸し出されるものですが、ちょっとしたコツさえ知っていれば、いつでも自分で作り出すことができます。

私は、代表を務めるトータルビューティーサロン・ｕｋａで、このことに気づきました。

お客様がサロンにいらっしゃったときと、お帰りになるときとでは、雰囲気がまったく変わるのです。

たとえば、ヘアカット後。「髪は顔の額縁」とはよくいわれることですが、よい額縁に入れると絵が映えるように、髪が整うとお顔立ちもグッと引き立ちます。また、ネイルやハンドケアで手がきれいになると、断然おしゃれにイキイキと見えるもの。髪と手は、外見の雰囲気をガラリと変える大きなポイントなのです。

そして、変わったご自分を見たお客様は、見違えるほど表情がリフレッシュします。心の中に、「なかなかいいかも」という小さな自信が芽生えるからです。施術前は眉を寄せて髪や手を見つめていたのが、なんともエレガントな微笑みに変わり、立ち居ふるまいまで女性らしく柔らかくなってくる。こうなってサロンを出たお客様とすれ違った人は、こう思うでしょう。「あっ、なんだか素敵な人。雰囲気からして美人」――これが、雰囲気の魔法です。

人は、自分に100%満足するということがなく、「もっと脚が細かったら」「顔が小さかったら」などというコンプレックスを常に抱えているもの。そんな、ボディラインや顔かたちの悩みを一瞬で変えることはできませんが、かわりに口紅の色を変えたり、毛先を巻いてみたり、ちょっとしたことで、発する雰囲気はすぐ変えられるのです。

私自身、実はたくさんのコンプレックスを抱えていますが、そのコンプレックスをいい雰囲気に変える作業を、実験のように楽しんでいます。実は、今のヘアスタイルもそのひとつ。私はもともときつめの顔立ちで、黙っていると「怒ってるの？」なんて言われてしまいやすいのですが、軽やかでアクティブな印象を持つには髪に動きを出すことだと気づいて、毛先がふわっと遊ぶスタイルにしたのです。女友達に「あら、雰囲気変わった？」と言われたときは、思わず顔が綻んでしまいました。

雰囲気のいいところは、「老けない」「減らない」ところです。恵まれた容姿や若さを永遠に保つことはできませんが、素敵な雰囲気は、いくつになっても作り出すことができます。容姿や若さが期限付きの美しさなら、雰囲気は一生ものの美しさです。

そのうえ、頑張らなくても大丈夫。たいてい、きれいを頑張りすぎると個性までかき消されてしまいがちですが、雰囲気はほんの少しのことで変えられます。つまり、自分らしさを失わないまま、特別な存在になれるということ。

「美人になるって、意外と簡単」

この本を読んだら、きっとそう思っていただけるはずです。

contents

2 hand 美人の印象は、手が作る

how to care
your nails

3 hair 美人かどうかは、髪しだい

4 make 美人顔は、作れる

5

fashion

「雰囲気美人」に見える服

6 mind 心の中が、雰囲気に出る

1

impression

美人は、「雰囲気」で決まる

美人は、「印象」で作られる

誰もが思わず、目で追ってしまう。気になってつい、吸い寄せられてしまう……。美人というものは、やはり魅力的なものです。

あなたの周りにもきっと、何人かそういう人がいるでしょう。「◯◯さんは美人でうらやましい」「私もあんな美人になりたかった」と、思うこともあるかもしれません。

ところで、そのうらやましい美人の姿を、あなたはどのくらい細かく覚えていますか？　眉は？　鼻は？　フェイスラインは？　立ち姿のバランスはどうでしたか？

改めて尋ねられると、「きれいな肌」とか「大きな目」など、印象的な部分はすぐ浮かぶのに、ほかのことはモヤモヤとして、意外とよく思い出せないのではないでしょうか。

そういえばそうかもと思ったら、その美人な彼女は、もしかすると「雰囲気美人」かもしれません。

雰囲気美人は、「末端美人」

「きれい」「美人」と感じさせる人というのは、何から何まですべてが美しい、本物の美人だけではありません。

女優さんのような正統派の顔立ちではないし、昔から美人の定義としてよくいわれる「八頭身」「ぱっちり二重」「高い鼻」「整った口元」のいずれでもないけれど、「なんだかきれい」という美人な雰囲気を醸し出している人。そんな不思議な人こそ、「雰囲気美人」です。

27年のネイリスト人生のなかで、たくさんの女性と出会ってきた私の周りにも、雰囲気美人はたくさんいます。彼女たちは、いったいなぜきれいに見えるのでしょうか？その姿をよく観察してみると、はっと目を奪われるのはこんなところです。

ふと横を向いたときの、まつげのカーブの美しさ。

肩に届く毛先の、絶妙なまとまり具合。

カップに伸ばした手の、なめらかな肌とつややかな爪。

こうした、ちょっとしたときに目に入る部分が、きらっと光を放っているのです。

その美しさは、記憶の中に強く残ります。彼女という人を思い出すとき、まず出てくるのはそういう美しい部分のこと。美しい部分の印象が、「彼女という人そのものの印象」になっていく——

つまり、これが雰囲気というものの正体です。

目にとまった美しい部分の余韻が、その人の雰囲気となっているのです。

あなたは、雰囲気美人の原石かもしれない

会えば必ず目についたり、不意に目に入ったりする「見られる部分」をよく知っていて、そこを決して外さないのが雰囲気美人です。

また、「いつも素敵なファッション」「目がぱっちりと大きい」「つやつやのロングヘア」というように、「この人はここが素敵」というチャームポイントを、はっきり持っているのも特徴です。

それらが、「なぜか美しくて、しかもその人らしい」という印象の素《もと》なのです。

素敵な部分が目にとまると、会った人はなぜか、そのほかの部分も素敵なものだと思ってしまいます。インパクトのある部分以外は、よく覚えていないからです。すると、「全体的な結論として、なんだか素敵な人」になるのです。

ここでもう一度、普段「美人だな」と思っている友人や、憧れの女優さんの姿を思い出してみてください。

頭のてっぺんからつま先のすみずみまで、しっかり思い出せますか？　素敵で印象的なところ以外、細かい部分がどうだったかなんて、よく覚えていないのでは？

本物の美人だと信じていたあの人でさえ、実は雰囲気美人かもしれないのです。

そして、あなたも雰囲気美人の原石かもしれません。今はまだ、「見られる部分」に無自覚なだけ。でも、そこを意識して計算できるようになったら、印象はガラリと変わります。

美は、「末端」に宿る

雰囲気美人が決して外さない「見られる部分」とは、会えば必ず目についたり、不意に目に入ったりするところ。具体的にはどんなところかというと、「末端」です。

爪・眉尻・毛先、ファッションでいうなら靴や裾、襟ぐりなど。人間の視線は、こうした各部の末端に集中しやすいのです。

ですから、「終わりよければすべてよし」というように、末端の美しい印象は、そのまま全体の印象となります。

逆にいうと、末端さえきれいにしておけば、誰でもすぐに「なんとなく美人」な印象になれるということ。

特に、爪という末端がある手、そして毛先という末端がある髪は、見られないということがほぼなく、雰囲気に大きく関わっているところです。

どんな人でも、手と髪が美しくなると、それだけで「なんだか素敵」「なんだかきれい」

という印象に変わります。

もともと顔の造作が美しかったり、目立つチャームポイントを持っていたりして、すでに十分素敵な印象を作れている人でも同じです。手と髪もきれいにすれば、素敵の印象により説得力が出て、「やっぱり美人だわ」ということになります。

「本当にそれだけで?」と思われるかもしれませんが、自分から見ても、手と髪がきれいになると気持ちが違うもの。

すぐに痩せるのは難しくても、爪や髪ならすぐにきれいにできますね。その、すぐにきれいになる喜びを心で感じるというのも、大切なことなのです。

雰囲気美人は、押さえどころを知っている

「見られる部分」、つまり押さえどころを知っているから、雰囲気美人は美人に見える。これを逆にいうならば、雰囲気美人は「押さえどころ以外はほうっておく」人たちです。必要なところだけをきちんと整えたら、あとはありのままにしています。「それでいいの？」と思われるかもしれませんが、むしろそこが「抜け感」となって、より魅力的に見えるのです。

私たちは、きれいを目指すと「あれもこれもやらなくちゃ」と、つい百点満点を目指しがちではないでしょうか。背はすらりとして、手足は細く、顔は小さく、ファッションはあれとこれを持っていて、メイクは流行りの◯◯風で……。

こんな完璧なルックスを目指して、全身の至るところに細かく手をかけるのは大変なことです。また、もしそうできたとしても、でき上がるのはまるでサイボーグのよ

うな、近寄りがたい美女ではないでしょうか？

ときどき、美人であるにもかかわらず、「きれいだけど憧れない」「なんだか素敵と思えない」と感じてしまうことがあるのは、その人があまりにきれいを頑張りすぎていて、自然なその人らしさがかき消されてしまっているからではないかと、私は思います。

今の時代、何においても大切なのは「個性」です。年齢なりのシミやシワがあっても、脚が太かったりお尻が大きかったりしても、雰囲気美人としてはそれが個性。もしそこを整えたら、確かにもっと完璧になるのかもしれません。でも、彼女たちは今のままで、「その人らしさが輝いていて、素敵」なのです。

ともすれば冷たく不自然になってしまうかもしれない百点満点よりも、20点分のありのままが残っている80点のほうが、かえってその人にしか出せない雰囲気を醸し出して、チャーミングに見えるもの。

これこそ、多くの女性たちに信じていただきたい、美人の秘訣です。

印象をコントロールできれば、加齢は怖くない

「私は生まれつきの美人ではない」と思っているあなた。今までに何度も、「しょせんきれいな人にはかなわない」と思ってきたかもしれませんし、土台に恵まれている人には確かにうらやましいことがたくさんあるものです。でも、「私はこれでいいの」が口癖になっていたら、ちょっとストップ。その言葉は、どんな気持ちで言っているか、確かめてみてください。もし、諦めきったネガティブな気持ちで言っていたらNG。自分を受け入れたうえで、ポジティブな気持ちで言っていたら、大丈夫です。

かくいう私も、若い頃から数々の見た目コンプレックスを抱えてきました。でもだからこそ、たくさんのお客様と接して、その「美しさの秘密」を研究できたのだと思います。

そこで言えるのは、どんな人でも「なぜか目がいく」人になれる、ということです。

すでに、自他ともに認める美貌の持ち主というあなたも、そのすばらしい土台を大

切にしつつ、ぜひ雰囲気の作り方も身につけてください。

まだ若さでキラキラ輝いているあなたも、そうです。

生まれつきの容姿も若さも、いつしかすり減ってしまうもの。ですが、雰囲気の作り方を知っていれば、ずっと「きれいな人」でいることができるのです。

それは、雰囲気が「形の美しさ」ではなく、「印象としての美しさ」だから。

形の美しさは、若さや生まれつきの造作によるものですが、印象としての美しさはいくつになっても作り出すことができて、かつ衰えないものです。

だから、雰囲気美人はいつ会っても「素敵」と感じるし、いくつになっても「今が旬」といえるみずみずしさがあるのだと思います。

もし、きれいでいられるのは若くて形が美しいうちだけだとしたら、素敵に輝いている大人世代の女性が、こんなにたくさん存在しているわけがありません。

日本の食文化は「鮮度」が命ですが、フランスなどではワインやチーズに代表されるように、「熟成」に価値が認められます。女性の価値も、これと同じではないでしょうか（ぬか漬けや味噌などの発酵食も、見直されてブームになっているではありませんか！）。

「若さ」や「かわいい」といった鮮度ばかりにとらわれず、歳を重ねることを恐れず、自信を持って今を楽しむ。雰囲気美人こそ永遠にエイジレスな美人だと、私は思っています。

押さえどころをしっかり押さえれば、誰でも「雰囲気美人」になることは可能。

この本では、ネイリストとして多くの女性たちに関わってきた私の経験を通して、きれいの押さえどころの数々を余さずお話しするつもりです。トータルビューティサロン・ｕｋａで実際に行っているビューティメソッドも、「なんだかきれい」な雰囲気作りに役立てていただければ幸いです。

そして、美人より気になるかもしれない、魅力的な雰囲気美人になるお手伝いができたなら、これほど嬉しいことはありません。

point

視線を集めて、
いい部分だけを印象づける
末端が美しければ、だいたい美人
完璧でないほうが、魅力的
「雰囲気」は老けない。
雰囲気美人はエイジレス美人

2

hand

美人の印象は、手が作る

美人の印象は、手が作る

メイク、ファッション、髪型など、人を美人に見せるポイントにはいろいろあるものですが、「絶対に外せないのはどこ?」と尋ねられたら、私は「手」と答えます。どんな人であっても、手は常に意識すべきポイント。手を大切にすると、美人度がグンと上がるのです。

意外に思われたでしょうか?

その理由とは、体の末端にあって、さまざまな動作をする手は、最も人目につきやすいパーツだからです。

カフェで向かい合った女友達がカップを持つ手、隣の席の同僚がペンを握る手……よく動くところは、それだけ目がいくことも多いもの。そういう意味では、実は顔より見られている回数が多いといえます。

そんなとき、その手がお手入れの行き届いた美しい手だったらどうでしょう?

見た人は、「なんてきれいなんだろう」と、思わずはっとするでしょう。そして、見えていないほかのところまでも、「きっとこんな風にきれいに整っているものだ」と、無意識に頭の中で補完してしまうのです。

だからこそ、手は大切にすべき。きれいな部分の印象を鮮烈に残して、「あの人はきれい」という全体的なイメージにつなげましょう。

私が考える「きれいな手の6か条」とは、

・爪の長さは短すぎず、長すぎず（全体のバランスが大切）
・すべての爪の長さと、爪先の形が揃っている（1本欠けたら、それに揃えて短く）
・保湿されている（手肌も爪も、カサカサ・ザラザラはだめ）
・爪につやがある（清潔で若々しいイメージに）
・自分に似合った色・デザイン（好きと似合うは違います）
・ジェルやマニキュアが剥がれていない（塗りっぱなし、付けっぱなしを連想させない）

手は、生ける道具です。道具として使うばかりで、育んだり保ったりすることにはいっさい構ってこなかったという人は、「きれいな手の6か条」を参考に、ここでちょっと意識改革をしてください。「手が美人なら、雰囲気も美人」をスローガンに、この先を読み進めていただきたいと思います。

手肌や爪の気になるトラブルも、ちゃんとお手入れをすればきれいになるもの。こう言うと、「お金がかかりそう」と思われるかもしれませんが、必ずしもお金をかけてケアしなければいけないというわけではありません。お金をかけるよりも、手間をかけてあげることを意識しましょう。

自分で爪にオイルを塗って磨くだけでも、見違えるような手になりますよ。

大人になればなるほどアップする、「手の美人効果」

手は、特に大人になればなるほど、美人効果が大きく出るところです。

手を見られるのは若い人も同じですが、若い人の手はピチピチとしていて、誰でもきれいで当たり前。ですから、顔以上に注目されることがあまりないのです。

それが30代も半ばを過ぎて、そろそろ大人世代に差しかかるか、あるいはそれ以上になってくると、気をつけている人と、何もしていない人の差が明らかになってしまいます。

手は、口元に持っていったり、顔のさまざまなパーツを触ったりと、顔の近くで使うことが多いもの。そのときに、顔はばっちりケアしているのに手がガサガサだと、そのギャップの印象が、見る人に強く残ってしまいます。

だからこそ、きれいな手でいるほど大人はグンとイメージアップするのです。

きれいな手を見ると、相手の中に思いがけない女らしさを感じてイメージが変わったり、もともと女らしい人でも「やっぱり」「さすが」と感心したりすることがありますが、それは、きれいな手が「そこにかけられた手間や時間」を想像させるからでしょう。

付け焼き刃ではない、本物の細やかさや豊かさが垣間見えるからこそ、「素敵な人」という印象を持たれます。さらに大人の場合は、それが成熟した年齢にふさわしい「品格」「たしなみ」にもつながると思います。

ですが、これがもし逆だったらどうでしょう。どれほど顔がきれいでも、どれほど上質なファッションやジュエリーを身につけていようとも、ジェルが剥がれていたり、伸びきっていたり、カサついていたり、「ほったらかし感」が手に出てしまっていたら、「きれいな人だと思ったのに……」と、全体のイメージまで「残念」という評価になってしまうでしょう。

若い人なら、多少の無造作もかわいらしさのうちに入るかもしれませんが、大人となるとなかなか甘く見てはもらえません。

書類を差し出すとき、髪を直すとき、食事のとき……。手は、いつでも見られています。だからこそ、その瞬間をチャンスに変えましょう。

ｕｋａに来られるお客様は、いつお会いしても「素敵」と感じさせる、雰囲気美人の方ばかり。その秘訣は、定期的なお手入れ＝ビューティサイクルをなるべく乱さない、途切れさせないようにされていることが大きいと思います。

といっても、あまり頑張りすぎるのではなく、気づいたときにハンドクリームを塗る、「サロンに来たら次の予約を入れて帰る」といったような、小さな心がけがあれば十分。どんなお手入れも、ビューティサイクルも、シンプルでもいいので長く続けることが大切です。

顔と手は、同じ熱量で扱う

手は見られていますよと、しつこくお話ししていますが、あまり口には出さないものの、人は本当に見ています。そして、そこからいろいろなことを感じ取っていますのではありません。（あなた自身も、そうではありませんか？）。特に男性は、女性の顔だけ見ているわけではありません。何気ない会話のなかで、男性から「季穂さんはいつもおしゃれな色を塗っている」と、ふいに言われて驚いたことがあります。まさか、会う度に見られていたとは……。

今日からは、顔にかける情熱と同じくらい、手にも情熱を注いでみてください。顔だけでなく、手にもスキンケアをしてあげてください。

服で隠れていないので、それこそ初対面から顔と同じくらい見られている部分なのです。そんな手と顔にあからさまな差がついていたら、なんともアンバランス。顔に10かけるなら、手にもそのくらいかけてあげないと、「顔は頑張ってるみたいだけど、ほかは……」というギャップに足をすくわれかねません。そのうえ、「細かいところは見られていないからいいわ」という、オバさんっぽさまで漂ってしまいます。

美意識の高い女性たちの間では、ハンドケアがすでに習慣になっている様子。

ｕｋａのお客様のなかには、「今夜はお寿司を食べに行くから、カウンターで手がきれいに見えるようにトリートメントをお願いします」という方もいらっしゃるほどです。プロである私たちも、その美意識の高さには尊敬の念をいだきます。

「ダメージが特にないから、何もしていない」というあなたも、せっかくきれいな今のうちにお手入れを習慣にしましょう。

手の劣化は、急にやってきます。それこそ、「昨日までは気にならなかったのに、今日はどうしたの?」というくらい急にガクンとくるので、油断は禁物。

——なぜって？　手は毎日使っているのです！　何しろ、生ける道具なのですから。

ゴージャスな質感の手は、黄金の魅力を放つ

手は見た目だけでなく、実際に触れたときに柔らかいと、より素敵な印象を相手に与えられると思います。

かつて、モデルのSHIHOさんに施術をしている最中、「SHIHOちゃんは本当にかわいいよね」と素直にうらやましい気持ちを口にしたところ、「季穂さんは、黄金の手を持っていますよね」と私の手をほめてくださったことがありました。当時の私はネイリストとして、現場で1日4〜5回くらいお客様にハンドクリームやオイルを塗り続けていたので、手がとても柔らかかったのです。

「季穂さんの手は柔らかくて、触れられるとすごく気持ちがいいの。それって、ネイリストとして貴重じゃない？　絶対自信を持ってほしい！」

——そんなことを言われたのは初めてで驚きましたが、とても嬉しかったのを覚えています。

実は、男性たちにも「女性の手を意識するのはどんなとき?」と聞いてみると、名刺を出されたときや食事のときのほか、「手をつないだとき」という答えが返ってくることが多いのです。

なめらかな見た目に、エレガントな使い方としぐさ。それに、柔らかな肌ざわりも加われば、手は最高に素敵な雰囲気を醸し出してくれるパーツになります。

ハンドクリームこそ、質にこだわる

手の柔らかさをキープするには、保湿が欠かせません。対策としては、やはりハンドクリームをこまめに塗ること。手を洗ったらすぐ塗るほか、朝晩のスキンケアのときも、フェイスクリームを顔に塗ったら余りを手にも塗るなど、ちょこちょこ潤い補給してあげましょう。

ハンドクリームは、油膜で皮膚をコーティングして保護するだけのものだと、中まで栄養が入っていきません。浸透性が高く、アルガンオイルやシアバターなどベースの原料が上質なものを選ぶのがおすすめ。

塗り方は、まず手の甲に出して、手の甲同士をすり合わせて浸透させ、そのあと手のひらで全体に伸ばします。こうすると、手がべたつきません。

普通にハンドクリームを塗っても乾燥が気になるときは、スクラブで古い角質を落とし、化粧水で肌をうるおしてからクリームを塗りましょう。すると、クリームの浸透力が高まって、手がふっくらと柔らかくなります。手だけでなく、ひじまでクリームを塗ると、いつでも袖をまくれる腕になりますよ。

さらに、スペシャルケアとしておすすめなのが「温熱パック」。ハンドクリームを塗ってからビニール手袋をして、お湯で洗い物をすれば、手軽なパックがわりになります。

ちなみに、毎日の洗い物には必ずゴム手袋をしましょう。お湯がいちばん乾燥するので、素手でお湯に触れたあとはすぐ保湿することを心がけてください。

好感度を一瞬で上げる、シミ・くすみケア

30〜40代に差しかかると、今まではなかったシミが手の甲にも出てきがちです。顔だけでなく、手にもUV対策が必要なのです。

出かけるときにはなるべく日焼け止めを塗り、予防するのがいちばんですが、すでに今気になるシミが出ているなら、顔用のBBクリームや、リキッドファンデーションをハンドクリームに混ぜたものを塗りましょう。自然にカバーされて目立たなくなるうえ、日焼け止め効果も同時に得られて一石二鳥。濃いシミ、多いシミなら、思いきってクリニックでレーザー治療を受けるのも一案です。

全体的なくすみや、関節の黒ずみは、スクラブでお手入れしましょう。デコルテや膝などに使ったときの余りで十分なので、2週間に1回程度、優しくリンパマッサージするように使ってみてください。手がワントーン明るくなるのが感じられます。

血管の浮きを目立たなくする方法

年齢を重ねた手に多いお悩みが、手の甲に浮いてくる血管。

これは「ハンドベイン」と呼ばれるもので、気になる場合はクリニックで目立たなくするための治療を受けることもできますが、より手軽な対策としては、視線をコントロールすること。血管以外に目を引くものをプラスして、人の視線を分散させるのです。

たとえば、ネイルに赤など強めの色を塗れば、血管ばかりに視線が集まるのをカバーして、「ネイルの美しい手」という印象に変えることができます。強い色のネイルがお好みでなければ、かわりにパール入りのハンドクリームを塗ったり、大ぶりのジュエリーやバングルをつけたりしてみては？

血管そのものをなくせるわけではありませんが、「目立たない」「目に入らない」というだけで、手の印象はずいぶん変わってきます。

「手のストレッチ」忘れていませんか？

美しくすこやかな手と爪を育むには、指先まで血液が行きわたり、栄養素が十分に届いていることが大切です。ところが、グッと握りしめる動作をすることが多い手は、体でたとえれば猫背のように背を丸めた状態で、こわばって固まりがち。これでは、毛細血管のすみずみまで血液が流れにくくなってしまいます。そこで、このセルフ指マッサージを行い、手のストレッチをして血行を促してあげましょう。

反《そ》らす動きを加えることで、凝り固まった手指がしなやかにほぐれ、血が巡りだすのが感じられるはず。血流が滞りやすい指先も、赤くなるのを確かめながら血液を集めるようにマッサージすると、爪の根元の爪母《そうぼ》に栄養が届くようになり、爪の縦スジや手の血管予防にもなります。ｕｋａのネイルオイルやお好みのハンドクリームを、指先から手首まで全体に塗ってから行いましょう。

セルフ指マッサージ

こわばりを防ぎ、美しい手と爪を守るマッサージ。
すべての指を丁寧にほぐしていきます。
ネイルオイルやハンドクリームを塗ってから行いましょう。

1.

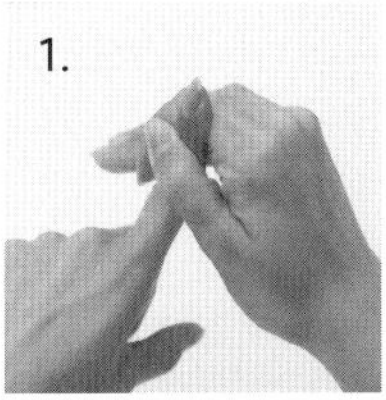

指先に血液を溜めるイメージで付け根から指を滑らせ、パッと離します。

爪のサイドには
自律神経を整える
ポイントがあるので
リラックス効果も!

2.

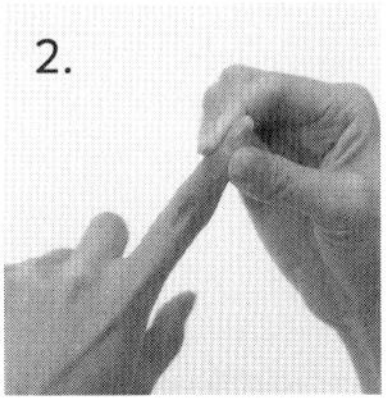

付け根、中間、先端の順に3ヶ所を押し、指の側面を刺激します。

3.

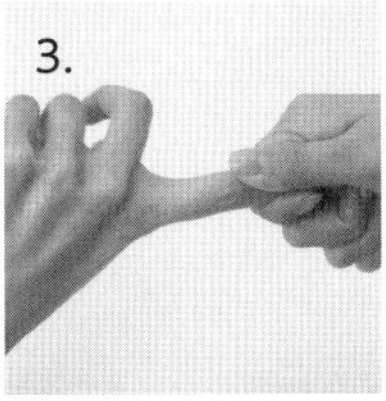

指を5本の指でしっかりと握り、ねじりながら引っ張ります。

4.

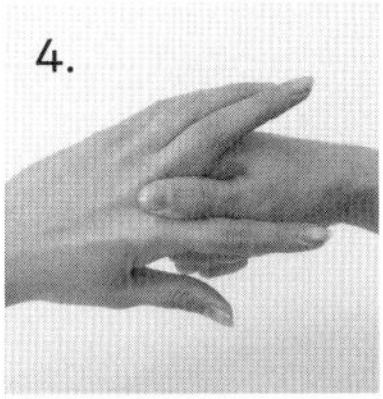

指の付け根の間をグーッと押して、丁寧にもみほぐします。

5.

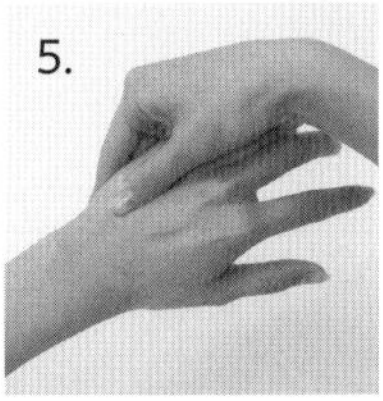

指の付け根から手首に向かって、手の筋の間を流します。

6.

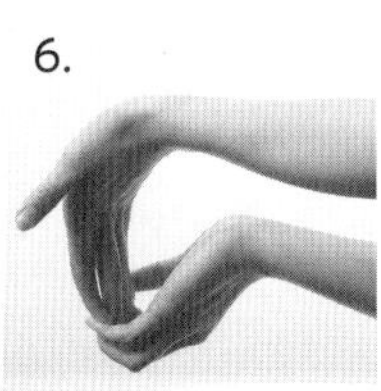

親指以外の指を持ち、手のひら全体を反らします。

7.

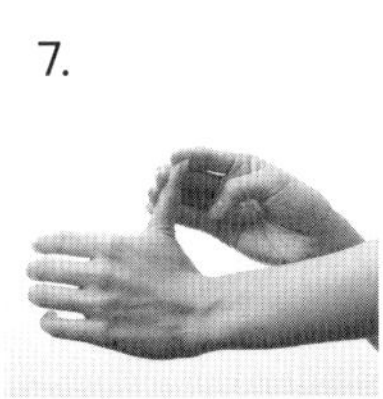

親指をストレッチします。

爪の印象は、「あなた全体」の印象にかかわる

手のケアにおいて、外せないのはやはり爪。

もし、くすみやシミが気になる手でも、爪につやと透明感、それに潤いがあれば、見た人のおおむねの印象は「きれいな手」、そして「きれいな人」ということになるでしょう。

つまり、きれいな爪はきれいな手を決定づけるポイントであり、全体の雰囲気の「締め」の部分でもあるわけです。

逆に、せっかく全体の雰囲気に気をつけていても、爪がきまっていないとそれだけで台なしになってしまうこともあり得ます。上品なメイクに洗練されたファッション、けれど手はジェルネイルがボロボロ……なんていう場合、「きれいだけれど、細かいことには雑な人」という結論になってしまうかもしれません。特に美人の場合、なま

じ土台が美しいだけに落差が大きく出てしまうので「美人ほど爪でズッコケる」という罠があるのです。その落差からの信頼感の薄まりは、かなり深刻。

ほかが完璧なら完璧なほど、爪にも同じくらいの完成度を求められると思って間違いないでしょう。

というと、なんだかシビアに感じられてしまうかもしれませんが、これは怖いお話ではありません。爪は全体の中で唯一、長さも形も色も自由に変えられる部分なのですから、「せっかくならきれいにすれば、それだけいいことがある」という、誰にとっても嬉しいお話なのです。

「きれいな爪」は難しくも面倒くさくもない

ただ、「爪をきれいにしましょう」といっても、うんと華やかに飾り立てるというのではありません。

「きれいな爪」とは、長さと形が揃っていること、そしてつやと潤いがあること。29ページ「きれいな手の6か条」の、最初から4番目までを改めてご覧ください。これらの基本なくして、色やデザインばかりに凝るのは、本末転倒といわざるを得ません。

最近、おしゃれな人の間では「素爪を美しくする」ということがトレンドになりつつあり、ｕｋａでもジェルをやめて自爪にシフトする人や、カラーやジェルはせずにトリートメントで通う人が増えています。私たちネイリスト側も、デザインよりケアについての取材を受けるほうが多くなってきました。

とはいえ、多くの女性にとってはやはり、「整える」より「飾る」ほうに意識がいきがちであるようです。

アートは華やかで楽しいものですし、気持ちをワクワクさせてくれるので、それはよくわかります。ですが、飾るほうばかりに気持ちが傾いてしまうと、そこだけが全体から浮いて、雰囲気美人をつまずかせてしまう原因にもなりかねません。

私はむしろ、必ずしも爪に色が要るわけではないと思っています。「何も塗っていない状態でも、長さと形がきちんと整えられてつやと潤いがある」ということだけが必須条件で、そこから先の色やデザインは、オプションのようなもの。その人のキャラクターや生活に合っていて、本人も満足できていれば、それ以上に凝る必要はないと思います。

実際、私が担当させていただいているお客様も、ケアのみか、アートなしでお色のみという方ばかり。お色のみの方はいつも単色塗りで、ときどき個性的な色で遊ぶくらいですが、そのシンプルさがかえって大人らしく素敵に感じられるのです。

3ヶ月に1度、手をいたわる習慣を

ネイル業界の調査によると、「ネイルサロンに通っている人」は、男女を合わせた全体の30％に満たないといいます。その約30％のうち、高頻度で通っている人は10％ほどで、あとは「たまに行く」という人。残り70％以上は、まったく何もしていないか、自分で市販のマニキュアをときどき塗るといった、完全セルフ派なのだそうです。

私は、そうした70％以上の人たちにも、もっと気軽にサロンでのケアを楽しんでいただきたいと願っています。「頻繁に通えないから……」とか、「ケアだけではなくカラーもしないといけないのでは……」という不安がハードルを高くしてしまっているのかもしれませんが、そんなご心配には及びません。

たとえば、歯磨きは毎日のことですが、たまに歯医者さんでクリーニングしてもらうと気持ちがいいですよね。気分転換にもなりますし、「このきれいな状態をなるべくキープしよう」という意識が自然に生まれます。この意識のスイッチングが、きれい度をレベルアップさせるのにとても効果的なのです。

また、手を美しく見せるには、所作の美しさも大切な要素ですが、手を常に丁寧に使おうという意識を保つのはなかなか難しいもの。ですが、それも3ヶ月に1度でもサロンでケアを受ければ、きれいになった手を丁寧に使ったり、保湿をしたりといったことが自然にできるようになります。

美しい爪のコツは「全部の指を仲間にする」こと

爪の長さと形を整えることには、ベースケアとデザイン、両方の意味があります。長さにも形にも、共通して大切なことは「全部の指を仲間にする」ということ。同じ長さ、同じ形にきちんと統一しましょう。くれぐれも、1本だけ長く伸ばしたり、1本だけとがらせたりしないでください。「全体が調和してなじんでいる」というのが、雰囲気美人の鉄則なのです。

まず、爪の長さの基本は、一般的なラウンド型（51〜52ページ）なら指先から2〜3ミリ。指がほっそりと長くきれいに見えて、かつ初対面やビジネスシーンでも安心できるのがこのくらいです。背の高い人やクールな雰囲気の人なら、もう少し伸ばしてもバランスよく似合います。

ときどき、手の小さい人や、小柄でキュートな人が「短いと子供っぽく見えるから……」と、爪を長く伸ばしていることがありますが、確かに短いと幼くなりがちとはいえ、爪の長さだけが全身からアンバランスに浮いてしまうのもおすすめできません。この場合の解決策としては、長さは基本どおりにとどめておいて、色で大人っぽさを表現するというのがいちばん自然に見えるでしょう。

もし長さに迷ったら、「そこが全体の中でどう見えるか」ということを念頭において、自分の手を全身鏡で観察してみましょう。

爪の形は、「醸し出したい雰囲気」で変える

爪の形はおもに、指先の丸みに沿って形を作る「ラウンド」、キューティクルラインに合わせて平行に形を作り、角を落とした「スクエアオフ」の2パターンに分けられます。

大人の女性におすすめなのは、フェミニンでエレガントなイメージのラウンド。「指先の延長」といえる形をしているので、どんな指にも似合い、最も手をきれいに見せる効果が高いスタイルです。指先の形と爪先のカーブが揃っているほど美しく見えるので、自然な形をキープするために、少なくとも週1回はこまめにケアするといいでしょう。

クールでアクティブなスクエアオフは、服に合わせてビビッドな単色を塗るなど、おしゃれなネイルが映える形。エッジィな雰囲気がほしいときや、カジュアルなファッションに合わせたいときにもぴったりです。なるべくキューティクルラインと平行に

なるように整えるときれいに見えます。

また、もし普段から爪の割れやすさが気になっているなら、スクエアオフのほうを試してみてください。爪先をとがらせているほど、パソコンを使うときなど指先にかかる衝撃がその一点に集中してしまいますが、平らにして衝撃を分散させておけば、割れづらくなるのです。

好みとライフスタイルから、自分にぴったりの形を探してみてください。

ラウンド

スクエアオフ

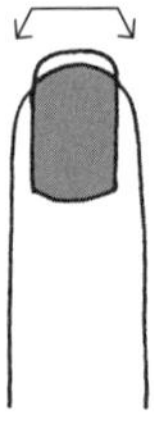

効果抜群！「保湿しながら磨く」爪磨きの裏技

爪の長さと形を整えたら、きれいに磨いてみましょう。おすすめは、保湿成分を入れながら磨く方法。カラーをせずに素爪で過ごしたいときも、こうすると仕上がりの潤い感とつやつやかさが違ってきますよ。

まず、バッファーを用意します。バッファーとは、爪表面をなめらかに整え、磨くもの。よりきれいに仕上げるには、3wayか4wayのものがおすすめです。最初はいちばん粗い面で、爪の表面の凹凸をなめらかにします。次に、水溶性のセラム（爪用美容液）を、爪母（爪の生え際）から爪全体にすり込みます。さらにオイルを塗り、指でよくなじませます。最後に、バッファーで磨いて仕上げます（詳しくは80ページへ）。

私は、一般のお客様向けのネイルケアレッスン講座を7年にわたって行ってきましたが、お客様が何より喜ばれるのは、爪がピカピカになった瞬間です。「爪がつやつや、ピカピカしている」というのは、誰よりも自分自身が嬉しくなれることなのです。

「浮かないネイルカラー」は、ここにこだわる

指先についている爪は、あくまで手の一部。ですから、爪は「爪としてきれい」というより、「肌になじんで手がきれいに見える」ということが、最も美しいあり方だと思います。ここに挙げるポイントを参考にしていただくと、肌にしっくりなじむネイルカラーを見つけやすくなるでしょう。

まず、肌なじみのよさに欠かせないのは、「シアー感（透明、透け感）」があること、「グレイッシュ」な色調であることです。

シアー感のあるカラーは、透けて自爪の色を取り込みながら発色してくれるので、ネイルの色だけが浮いて違和感を感じることがありません。また、グレイッシュなくすみを帯びた色も、人間の肌色にとても自然になじみます。

ukaの人気アイテムで、ケアとカラーが同時にできる「カラーベースコート」も、手元をきれいに見せることを念頭に置いたカラーバリエーション。透明感のある乳白色や、くすんだローズ系のピンクといったニュアンスカラーが基本で、悪目立ちせず、手肌になじんでくれると好評です。シアーな質感なので、ほかのカラーと重ねて楽しむこともできますし、3回重ね塗りすればマニキュアのような発色に。さっと塗るだけで爪につやが出ることも、お客様に喜ばれています。

手元をきれいに見せることに加えて、さりげない華やかさや、女性らしいエレガントさもほしいときは、「微細なラメ」がほんの少し含まれているものもおすすめ。

大きなラメは、爪の表面に貼り付いてピカピカ光るファッショナブルな効果がありますが、微細なラメは、細やかな輝きで色に奥行きと立体感をもたらしてくれる効果があり、指先の動きがとても美しく見えるのです。塗りムラも目立ちにくくなるので、ネイルはセルフ派という人はぜひ、試してみてください。

ネイル選びの3本軸は、「キャラクター」「肌色」「ファッション」

数あるネイルカラーのなかから、自分らしく素敵に見えるネイルカラーを見つけるには、「キャラクター」「肌色」「ファッション」が軸になります。

たとえば、元気な人が明るいイエローやオレンジをつけていると、おもちゃのようでかわいらしいですね。清楚な人なら、落ち着いたベージュがイメージにぴったり。でも、キャラクターは清楚であっても、もし肌が色黒だったら？　どんなベージュでもいいというわけにはいきません。また、普段のファッションとの兼ね合いも考えないと、爪だけが全体から浮いてしまうでしょう。

こんな風に、3つの軸をすり合わせながら、自分にとってちょうどいい色を見つけていくのです。

コツは、3つの軸の比重を調節すること。ナチュラルカラーの場合は、「肌色」を重視します。強めのカラーの場合は、「キャラクター」「ファッション」を重視しましょう。

これは、メイクに置き換えるとわかりやすくなると思います。ヌーディなナチュラルカラーは、ファンデーション。強めのカラーは、アイシャドウやリップなどポイントメイクの感覚です。

とはいえ、強めのカラーを選ぶときも、最終的には肌なじみが大切。もし、「赤いマニキュアがほしいけれど、どの赤がいいかわからない」などと同系色のなかで迷ったら、「ブルーベースは青み系」「イエローベースは黄み系」と、肌のトーンに合わせて選ぶとよいでしょう。たとえば赤の場合、青み系なら紫・ピンクに転び、黄み系なら茶・オレンジに転びます。

もし、手肌が黒い・くすんでいるという場合は、マットで白っぽいカラーやパステルカラーを塗ると、くすみが増してしまうので、避けるのが無難です。

ただしマットカラーでも、肌色と同じ濃さの色なら、テンションが合うので、ネイルだけが浮くことなくきれいになじみます。

全方位万能デザイン、「フレンチ」を極める

爪にデザインを施す場合、手元の自然な美しさやファッションのじゃまにならない、最もベーシックなデザインといえるのはフレンチです。

もしデザインで迷ったときは、「とりあえずフレンチ」にしておけば、まず間違いはありません。ビジネス、オケージョン、カジュアルと全方位に対応してくれるうえ、シンプルがふさわしい大人世代にもおすすめできる万能デザインです。

「フレンチネイル」とはもともと、ネイルベッド（爪のピンク色の部分）の長さのバランスが美しいフランス人の爪にアメリカ人が憧れて、ネイルデザインであああした形を作ったのが始まりという一説があります。つまり、自爪を美しく見せるのがフレンチの基本なのです。

フレンチでこだわりたいのは、爪先の白い部分。最もナチュラルに見える幅は、爪全体の４分の１以下です。逆に幅を広くするほど、デザイン性が高まります。

また、白い部分があまりに真っ白すぎると、まるで極端にホワイトニングした歯のように目立ってしまい、全体が調和して見えません。日本人の一般的な肌色には、わずかに黄みを含んだウォーミーな白が最もなじみます。白以外の色を塗るなら、幅をうんと狭くして、ややシアーな質感のカラーや、グレイッシュなカラー・黄み系のウォーミーなカラーなどを置くのがおすすめ。幅を狭くすることによって、オーソドックスなフレンチがモードでモダンな印象にもなります。

狭い

基本の幅

広い

大人ネイルのお約束「年齢とデコは反比例する」

ネイルの色とデザインは、うっかり外すと雰囲気の綻びになってしまうものです。大人世代が失敗する原因は、「年齢に見合っていない」ということが大半。爪においては、「年齢とデコは反比例」という法則があるのです。

つまり、大人になるにつれて、爪でやれることは限られてくるということ。ちょっと寂しく思われるかもしれませんが、大人の手をきれいに見せるには、なるべくシンプル志向に落ち着いていくほうが効果的なのです。

色は、54ページでお伝えしたような肌なじみのいいものが基本です。鉄板カラーは、ベージュ、グレージュ、ピンク。ただし、ピンクといっても桜貝のように可憐な白ピンクだと、50代以上の手のくすみや色ムラをかえって目立たせてしまいます。

ピンクをつけたいときは、自爪と重なって自然に見える、シアー感のある色味がおすすめです。

また、50歳をすぎたらデコやアートは「かわいさ」より「かっこよさ」に振ると、しっくりきます。たとえば、遊びを求めたいときは、ネイビーやグレーなど単色ではっとする色をつけるか、フレンチの色の組み合わせで変化を出すくらいにとどめると素敵。ストーンやパールなども、つけるならうんと小さいものにしておいてください。

派手でインパクトのある凝ったデザインは、本人のキャラクターやファッションのテイストが相当強ければハマるのですが、普通はクールでシンプルなものが最もこなしやすく、かつ美しく見えると思います。

もし手先にこだわりたいなら、大人は爪に凝るよりアクセサリーやジュエリーの質を高めていくほうが素敵です。あくまで、「手をきれいに見せる」という視点を守ることが、ネイルで外さないコツといえるでしょう。

ファッショナブルなネイルのキーワードは「半歩先」

手をきれいに見せるネイルとは、肌になじんで主張しないネイルのこと。逆に、「色を塗っている」と認識させてもよいのは、ファッショナブルなネイルの場合です。

ファッショナブルなネイルとは、もちろん服とリンクしているネイルということ。ファッションと関係ないアートをするのは、「趣味」の領域です。

ファッショナブルなネイルをより楽しむなら、服とのバランスに加えて、季節感ともリンクさせると素敵です。ポイントは、「少し先」の色を選ぶこと。

たとえば、2月の早春の頃からピンク系をつけたり、初夏からブルー系をつけたりと、季節感を先取りするのです。

ukaのお客様のなかには、年間を通して「ベージュしか塗らない」「赤しか塗らない」という方もいらっしゃいますが、それでもいつも同じ品番というわけではなかったりします。たとえ同じベージュや赤でも、「夏はシアー系で軽く、冬はマット系で重く」というように、豊富なバリエーションからこだわって、そのシーズンに合った色味を選ぶのです。

春はピンク、夏は黄色やオレンジなどのビビッドカラー、秋はベージュ、冬は赤とさまざまな色にトライするお客様も、あるいは王道のベーシックカラーの微妙な違いにこだわるお客様も、どちらも爪で気分や雰囲気を変えるのを楽しんでいらっしゃるのが素敵だと思います。

ネイリストである私としても、色を選ぶ会話の時間は楽しいものです。そのお客様の人となりや、今興味のあること、好きなことなどもわかるからです。

ネイルの死角！「自分目線」と「人から見たとき」のギャップに注意

さて、こうしたネイルカラーやデザインを選ぶときに気をつけたいのは、「自分目線だけで決めない」ということです。

自分目線とは、「主観」、そして「自分の目の方向」という意味。自分で爪を見ているときは、手元だけを見ていますね。でも、人は「全体の一部」として見ています。メイクや服装、身長・体格など、全体との兼ね合いのなかで爪を見て、「品がいい」とか「おしゃれ」といったことを感じ取るのです。自分目線でながめてきれいかどうかと、全体の中できれいに見えるかどうかは、まったく違うわけですね。

この「目線のズレ」を埋めるには、全身鏡で見て判断するか、手を顔や胸元に近づけて自撮りするとよいでしょう。全体と手元の印象が合っていないと違和感を感じるので、手元だけをながめて「かわいい」「きれい」とうっとりしていたものが、こうして見ると意外と……なんていうことがあるかもしれません。

もし、念入りに塗った爪を見た友達に、「すごいね〜」と言われたら要注意。それは褒め言葉ではなく、「(そこだけ目立ってて) すごいね〜」という意味の場合があります。友達は気遣いのつもりでこう言ったのだとしても、言われた本人は褒められた気になってしまいますから、まるで悪魔のささやき。

雰囲気とは、部分ではなく全体のお話なので、俯瞰的な目で自分をチェックするのはとても大切なことです。

爪のダメージを最小限にする、お手入れのコツ

ネイルカラーやデザインを、サロンでやるのか、セルフでやるのかという点については、意見やお好みが分かれるところでしょう。

「仕上がりがきれいだし、マッサージが気持ちいいからサロンがいい」

「自分で爪を塗っている時間が好きだから、セルフがいい」

どちらも、よいと思います。自分が無理なく楽しめるほうを選んでください。

「ジェルとマニキュア、どちらがいいの？」というお悩みについても、ライフスタイルやお好みしだいといえます。

たとえば、忙しい方にとっては、丈夫でもちのいいジェルネイルのほうが便利でしょう。ただし、もちのよさゆえに「まだついてるから大丈夫」と、根元を伸ばしっぱなしにしてしまいがちなのがジェルの罠。塗り替えの目安は、およそ3週間です。どうしてもサロンへ行けないときは、上からトップコートを塗って、伸びた根元とジェル

部分をつなげるようにすると、しばらくはしのげます。トップコートは、伸びた根元につやを与えると同時に、ジェル自体の乾燥と劣化を防ぐのにも役立ちます。

ケアの面からジェルとマニキュアを比べると、「素爪をきれいにしたいから」「ダメージが気になるから」と、ジェルを外して自爪にシフトする人が増えているのは事実ですが、一概に「ジェルはよくない」とは言いきれません。

「ジェルを続けていたら爪がボロボロになってしまった」という声も聞かれますが、きちんと周期を保って正しいお手入れをしていれば、ジェルが爪を傷めることはありません。逆に、「外したら爪がボロボロになってしまった」という方は、厚くて丈夫なジェルでの生活に慣れてしまい、手の使い方がジェルをしているときのままになっていることが多い様子。ジェルより素爪のほうが衝撃に弱いのは、当然といえます。ですから、もともと爪の欠けやすさ・割れやすさが気になる人にとっては、耐久性のあるジェルをつけていたほうが、心配なく日常生活を送れるというメリットもあるのです。

旅行のときのケア

ダメージが気になる旅行や帰省などの間だけに限定してジェルを活用する、という方法もおすすめです。

たとえば、1~2週間の旅行の間には、爪のお手入れをする時間などなかなか取れませんが、ジェルをつけておけばずっときれいでいられて安心。荷物のパッキングで爪が欠けたりカラーが剥げたりする心配もなく、帰ってきてからサロンでオフすれば元どおりです。

ダメージを減らすには、カラーオフする周期も大切。たとえば、最近人気のセルフジェルは、付け替えすぎに要注意。付け替えの周期が短いと、爪を傷めてしまいます。自分でマニキュアを塗るセルフネイルの場合、塗り替え目安はおよそ1週間です。リムーバー（除光液）に含まれているアセトンは、爪や指先を乾燥させるので、塗ったら1週間か、最低4日くらいはもたせたほうが爪のためにはいいのです。

リムーバーは、「爪に優しい」「ノンアセトン」などさまざまな処方で作られており、値段もピンからキリまでです。安価なものでも構いませんが、保湿をうたいつつ、変にヌルヌルしていつまでも落ちないもので爪をゴシゴシこするよりは、さっと落とせるほうを選んでください。そのかわり、落としたあとはすぐにネイルセラム（美容液）やオイルなどを塗って、十分保湿してあげましょう。

爪の縦スジを防ぐ、水分補給と栄養補給

そもそも爪を飾って楽しむには、ベースケアが行き届いていてこそ。手肌と同じく、爪にも栄養と潤いが必要です。

たとえば、「爪に縦スジが出ている」というお悩みはとても多いのですが、この縦スジ、実は「シワ」です。爪は、付け根にある「爪母」という部分で作られていますが、みずみずしく弾力のある元気な爪を作るには、血液が体の末端まできちんと巡って、爪母にタンパク質などの栄養が十分に届いている必要があります。ところが、

・年齢とともに血液の循環力が弱くなる
・女性は毎月の生理で貧血気味
・食事制限などで十分な栄養を摂れていない

……といった問題があると、爪まで十分に栄養が届かなくなってしまうのです。栄養の足りていない爪は、お肌でいうならボリュームが減ってしぼんでしまっているよ

うな状態。そこに、除光液やジェルネイルでの乾燥も加わると、水分量まで減っていきます。すると、爪に縦スジ＝シワが出てしまうわけです。

この縦スジが強くなってくると、そのうち爪が横ではなく縦に割れるようになってしまいます。縦に割れたままほうっておくと、ものに引っかかりやすくなるだけでなく、どんどん深く裂けていき、強い痛みをともなうように。ここまで進行すると、上からエクステンション（つけ爪）をつけるかジェルでコーティングするなど、セルフケアではできないような処置を行わなければならず、手間も費用もかかってしまいます。

すでに縦スジが入ってしまった爪を回復させるのは、難しいもの。ですから、対策としては予防あるのみです。鉄、亜鉛、ビタミンCなど、きれいな爪の素になる栄養素をしっかり摂り、貧血を改善するインナーケアを心がけましょう。

縦スジを悪化させないためには、乾燥を防ぐケアが必須。浸透性の高いネイルセラムやオイルを、根元から爪全体にこまめに塗って保湿しましょう。寝る前やちょっとした空き時間など、「暇さえあればオイルを塗る」というくらい、日に何度やってもかまいません。特に、マニキュアを落としたあとは乾燥しているので、忘れずに行ってください。

いつでもかかとをきれいにしておく

手をきれいにしたら、足のトリートメントもぜひ習慣にしたいもの。特に手をかけたいのが、かかとです。

サンダルを履く夏以外は油断しがちですが、特に夏直前の4～5月が、かかとのケアを問われやすいデンジャラスシーズンだと思います。というのは、ちょうど夏物が出回る時期で、素敵なサンダルが店頭に並ぶから。「これ、素敵！」と手に取ったものの、かかとをほったらかしにしていたのを思い出して試着できずに帰った……なんていうことが起こりがちなのです。素敵な靴ほどすぐなくなってしまうのに、残念なかかとのせいで買い逃すなんて、悲しすぎますね。

靴の試着以外にも、急によそのお宅に上がることになったり、お店でお座敷に通されたりと、思いがけず素足を見られることは結構あるもの。そんなとき、あわてずにスルリと靴を脱ぎ、しっとりうるおったバラ色のかかとを出せたら、「きれいな人」

というイメージが高まること間違いなし。

逆に、どんなに外見が素敵であっても、靴を脱いだ素足が残念だったらイメージダウンは避けられません。かかとにひびが入るほどほうっておくと、リカバリーにも時間がかかってしまいますし、たまった角質は悪臭の原因にもなります。

特に、冬こそ足が蒸れて菌が繁殖しやすいので、足を出すシーズンでなくとも、フットファイルなどでのお手入れは怠らないようにしましょう。

ただし、削りすぎるとよけい硬くなってしまうので、角質を削るケアは3週間に1回くらいにとどめてください。

普段は、お風呂上がりにクリーム（バームやオイルでもかまいません）を塗って、その上からフットファイルの細かい面で優しく磨きましょう。かかとのザラザラをおだやかに取り除きながら、磨いた面にクリームをすり込んでいくイメージです。普通にクリームだけを塗るよりも、なめらかで柔らかいかかとを保てます。仕上げにもう一度クリームを塗り、あれば足首ソックス（つま先が開いたもの）を履いて寝ると、よりしっとりしますよ。

足の爪が美しいと、さらにスペシャルな印象になる

ｕｋａにいらっしゃる雰囲気美人のお客様は、「足を見せる用事がなくとも、やっぱりきれいにしていたい」と、冬でも手と一緒に足のトリートメントやペディキュアをされていきます。手と足の爪を同じ色にして、手のほうを淡くしたりと、本当におしゃれ。

足の爪は普段見えていない部分だけに、ふいに見えたときの印象は強いもの。また、たとえ人から見られることはなくとも、ペディキュアを楽しむという心の余裕と細やかさ、そしてこだわりが、全体的に「行き届いている感」を醸し出し、雰囲気を底上げするのかもしれません。

さっそく実践したいところですが、足の爪はデザイン以前にまず気をつけていただきたいのが、長さです。

手と違ってつい切るのを忘れがちで、気づいたら伸びっぱなし……なんていうことはありませんか？

ですが、足の爪を伸ばしたまま歩いていると、単純に危ないというだけでなく、爪の健康にも影響が出てしまいます。爪の先が靴に当たり、その衝撃が爪母まで伝わると、ダメージを受けた爪母の組織が壊れてしまうのです。テニス選手などのアスリートは、軸足の親指の爪に横線が入ってガタガタと波打っていたりすることがありますが、まさにこれと同じ状態。

ほうっておくと、だんだん爪が浮き上がって、爪先の白い部分が増えてきます。やがて、爪にポケット（空間）ができてしまう「爪甲剥離《そうこうはくり》」という状態になると、とても厄介。ポケットに水が入ると雑菌が繁殖して爪が侵されてしまいますし、悪臭も発生します。

手の爪の長さは、指先から2～3ミリ程度が基本ですが、足の爪の場合は指先ギリギリくらいがちょうど。きれいな爪を守るためにも、ぜひ定期的なカットを習慣にしてください。

how to care & your nails

ukaのサロンでお伝えしている、
爪とかかとを美しく整える基本のケアをご紹介します。
これだけで簡単に、爪＆かかと美人が完成します。

爪の長さ＆形を整える

用意するもの
ネイルファイル
（爪やすり）

爪先の形は、好みに合わせて決めましょう。
ファッショナブルなネイルを楽しみたい人はスクエアオフ、
手と指をほっそりと美しく見せたい人は、ラウンドが基本です。
ネイルファイルをあてる角度で、爪先の形が変わります。

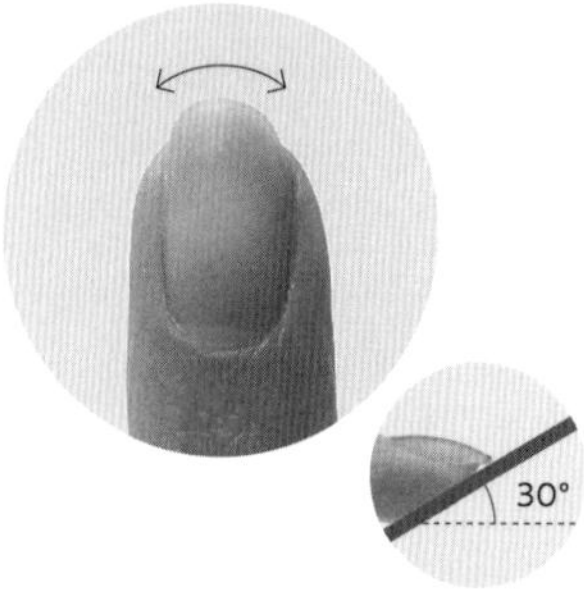

ラウンド

爪に対してほぼ30度にネイルファイルをあてて削ると、自然な丸みのある形になります。指先の形に沿っていて、左右のカーブが同じ角度。指先から2～3ミリの長さが美しく見えます。

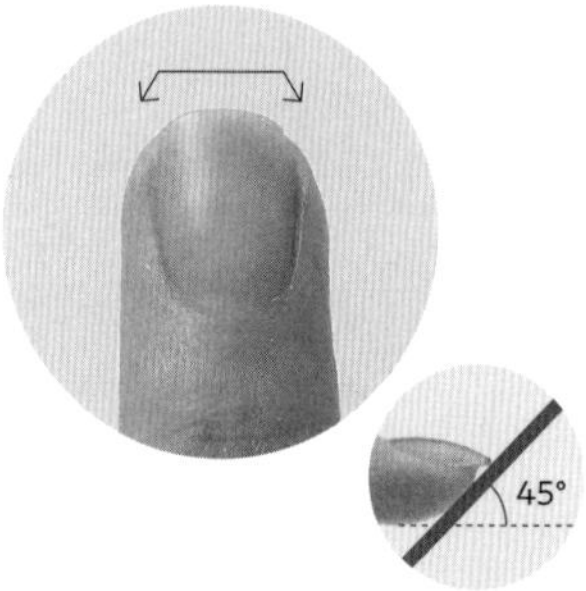

スクエアオフ

爪に対してほぼ45度にネイルファイルをあて、キューティクルラインと平行に削り、左右の角を落とします。カジュアルな印象なので、指先から1～2ミリの長さを目安に。

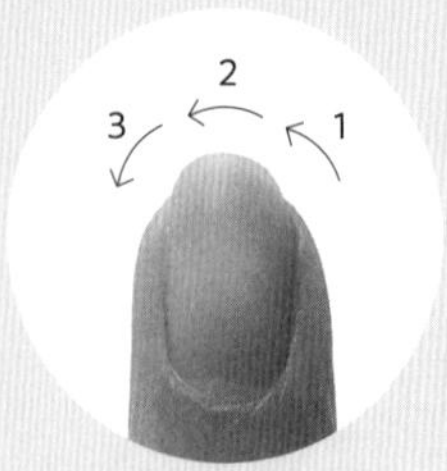

爪切りを使って切る場合

爪は3層からできており、乾燥した状態で切ると、衝撃で薄い層がはがれたり、割れたりする原因に。お風呂上がりの、爪が水分を含んだ状態で切るか、またはお湯に手をつけてから切りましょう。切り方は、「右・左・真ん中」ではなく、端から端へ。最後にやすりで形を整えます。

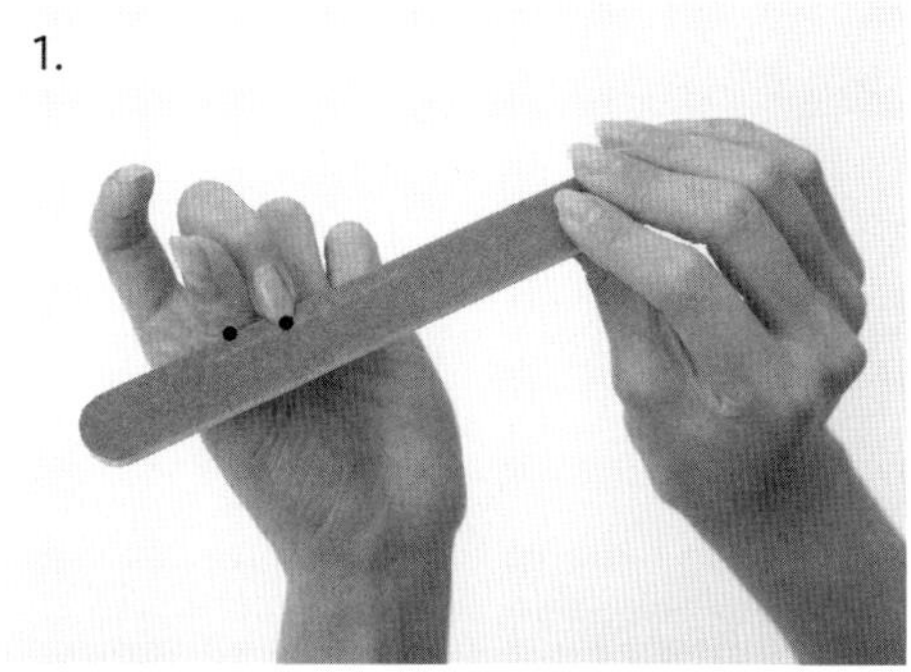

手のひらを軽く握り、
ネイルファイルの上に
削る爪をのせる。
爪先がブレないように、
親指で固定する。

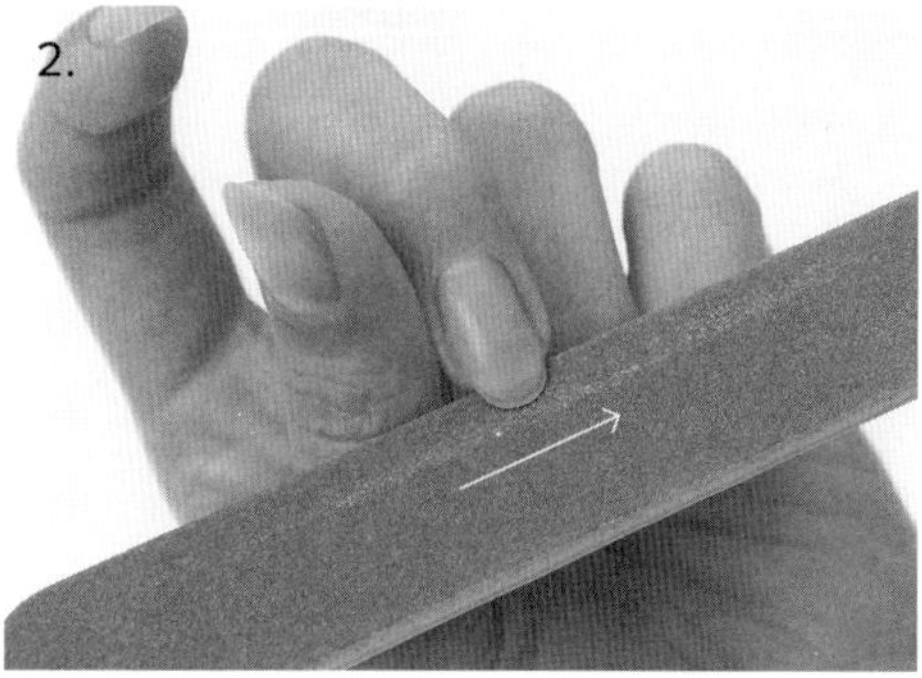

POINT
形を作ろうとせず、
キューティクルラインと
平行に動かす

ラウンドは30度、
スクエアオフは45度に
ネイルファイルをあて、
一方に動かしながら、爪の
先端の中心部分を削っていく。

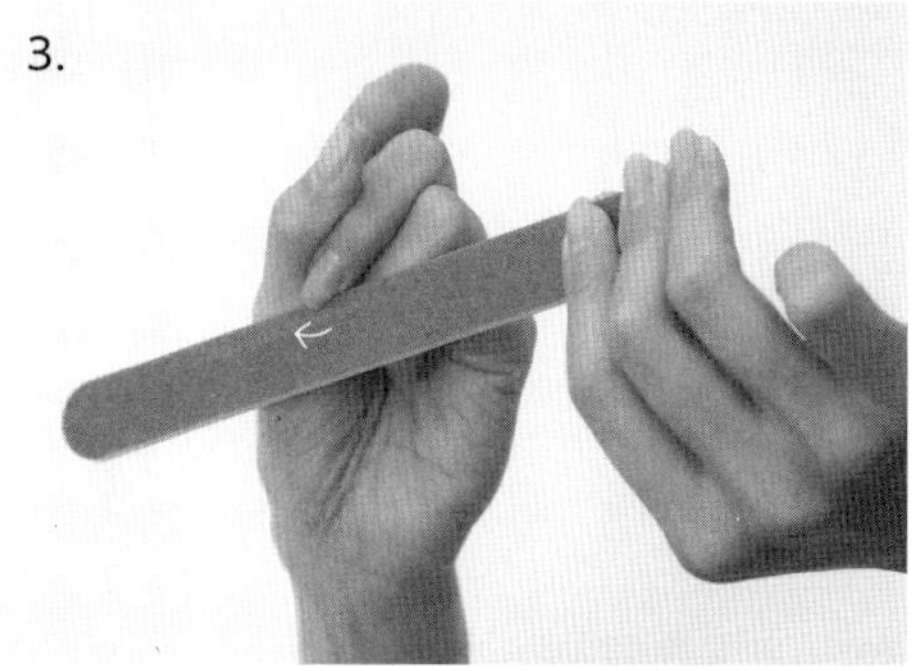

両サイドから中央に向かって
角をとるようにして、
形を整える。

ネイルのきれいな塗り方

用意するもの
a.ベースコート b.ネイルカラー
c.トップコート

塗る順番の基本は、
「ベースコート→ネイルカラー2回→トップコート」。
ベースコートを塗って爪の表面を整え、トップコートでつやを出します。
ベースコートは色素沈着などのトラブルを防ぎ、
トップコートは傷をつきにくくして、
もちをよくする効果があるので、
省かず塗りましょう。

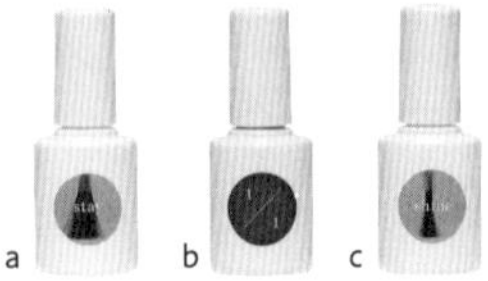

1.

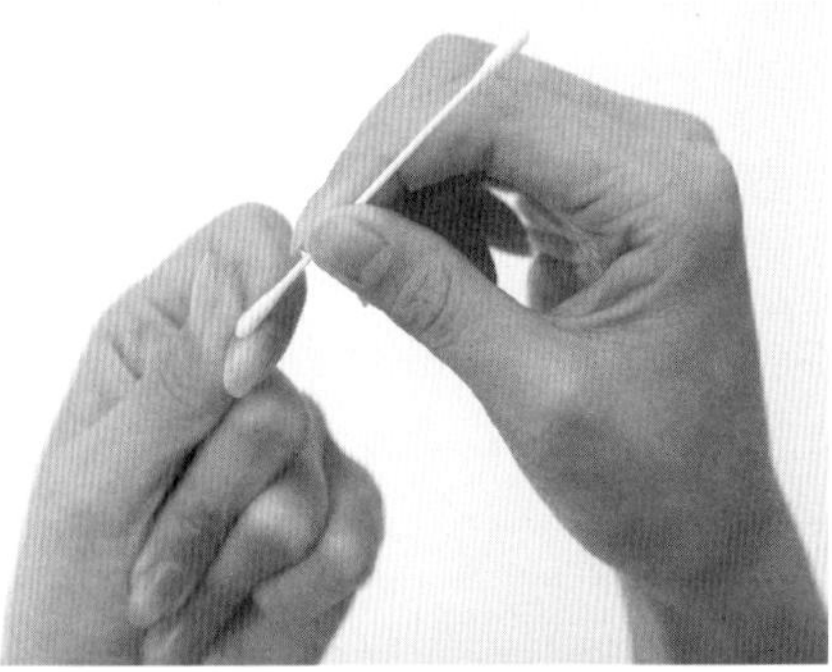

除光液で爪をさっと拭き、
表面の油分をとる。
爪の周りも綿棒で拭きとる。
ベースコートを塗る。

2.

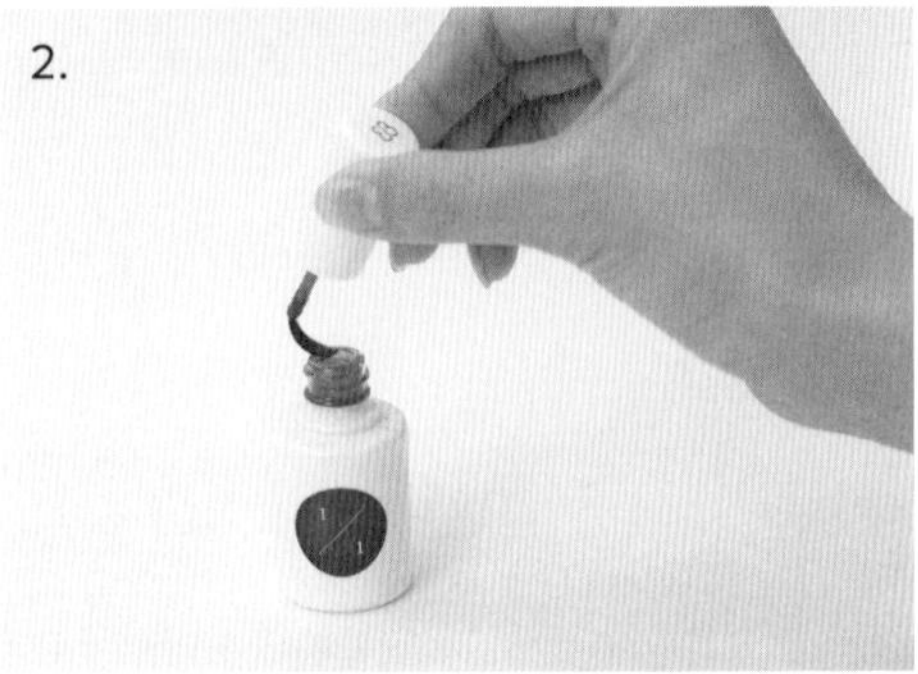

瓶の口で刷毛をしっかりしごいて、
なるべく薄くネイルカラーをとる。

このくらい

これはとりすぎ

3.

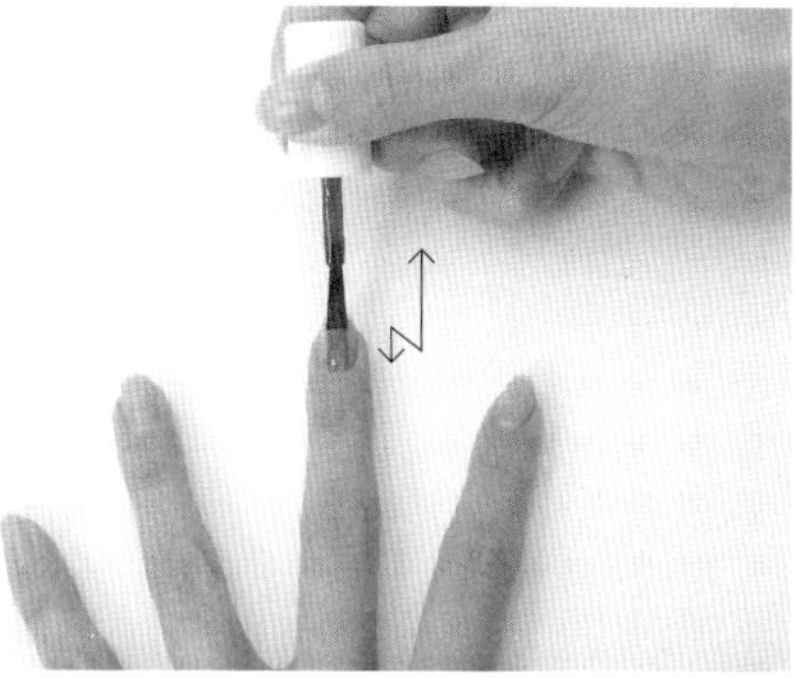

POINT
圧をかけず、刷毛の幅が
変わらないようにする

根元よりやや手前に
刷毛をそっと置き、
一瞬根元に戻してから、
先に向かってすばやく塗る、
という動作を繰り返す。

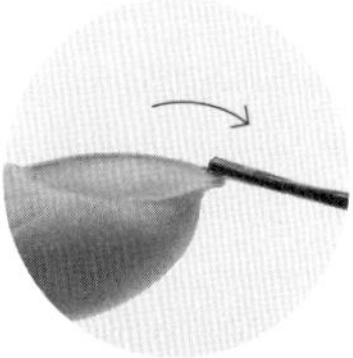

爪の下へすっと落とす感じで刷毛を引くときれいに塗れます。利き手と逆の手を塗るときは、刷毛ではなく、塗るほうの手をすっと引くとうまくいきます。

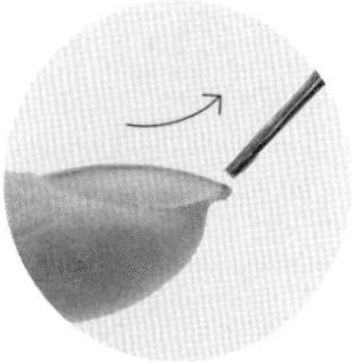

これはNG

4.

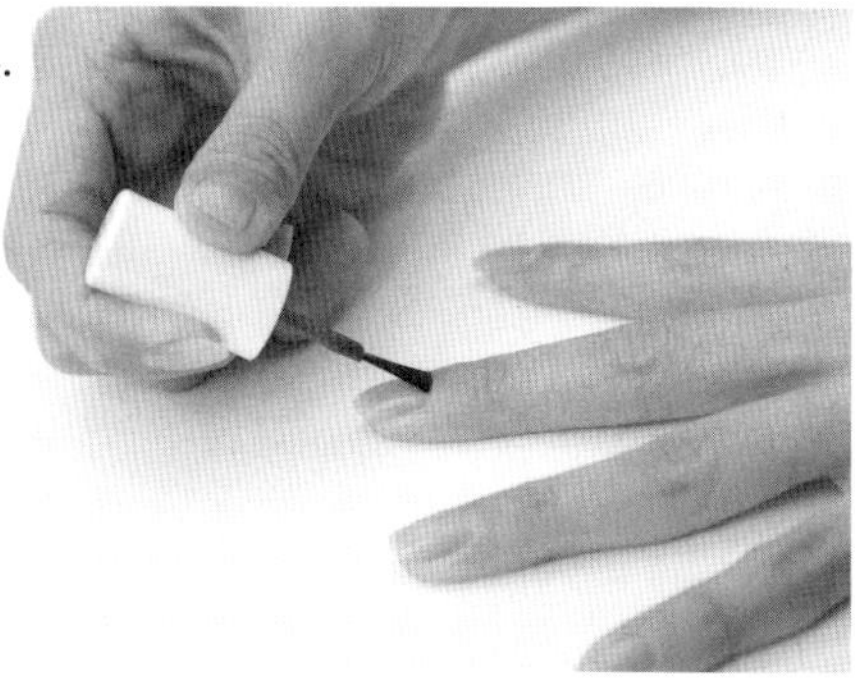

同じように、
ネイルカラーを再度塗る。
1回目は、輪郭をしっかりとって
爪からはみ出さないことを
意識して、2回目は、
ムラを消すように塗り重ねる。

5.トップコートを塗る。刷毛にやや多めの量をとり、圧をかけずにふわっと広げる。

how to care your nails

ピカピカ爪磨き

用意するもの
a.4wayバッファー b.ネイルオイル
c.水溶性セラム（爪用美容液）

爪の長さと形が整ったら、爪磨きを。
普通に磨くのもいいですが、保湿しながら磨くと、
何もつけていなくてもびっくりするほど、
ピカピカ、つやつやの爪になります。

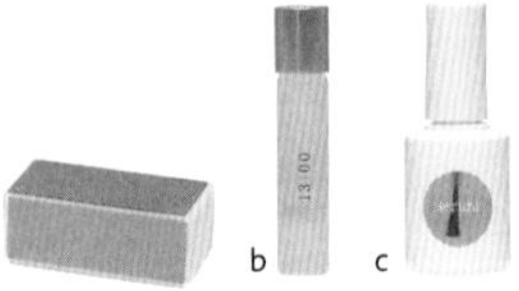
a b c

1.

バッファーのいちばん粗い面で
爪の表面の凹凸を削り、表面のつやをとる。

POINT
あとから入れる
セラムとオイルの
浸透がよくなります!

2.

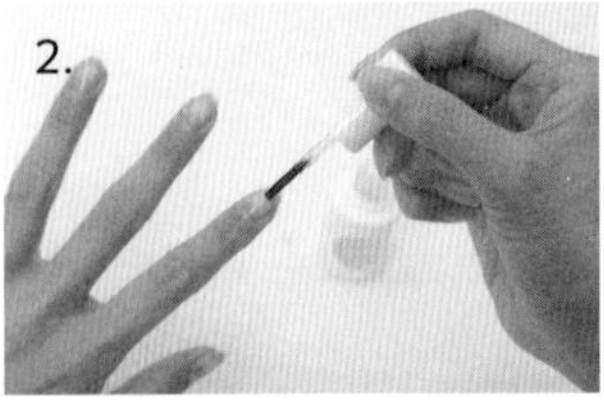

水溶性セラムを
爪全体に塗り、
指でよくなじませる。

3.

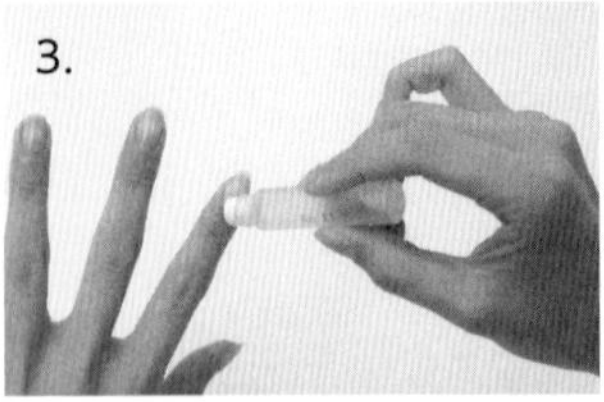

キューティクルラインから
爪全体にオイルを塗り、
爪母の周りをマッサージしながら、
しっかり浸透させる。

POINT
オイルのベタつきが残ったまま
仕上げ磨きをすると、
バッファーが
ダメになってしまいます!

4.

バッファーの残りの面で
順番に磨き、つやを出す。

POINT
バッファーにしっかり圧をかけて、
爪に密着させて磨くとつやつやに!

h o w　t o　c a r e　y o u r　f e e t

かかとのスペシャルケア

用意するもの
a.フットクリーム　b.フットファイル
c.フットスムーサー

フットファイルで硬いところを削るというのが
一般的なやり方ですが、仕上げ磨きを加えると、
つるつるの仕上がりになります。
3週間に1回を目安に行ってください。

a

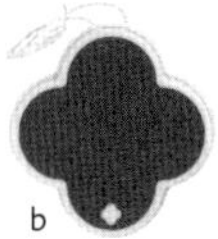
b

c

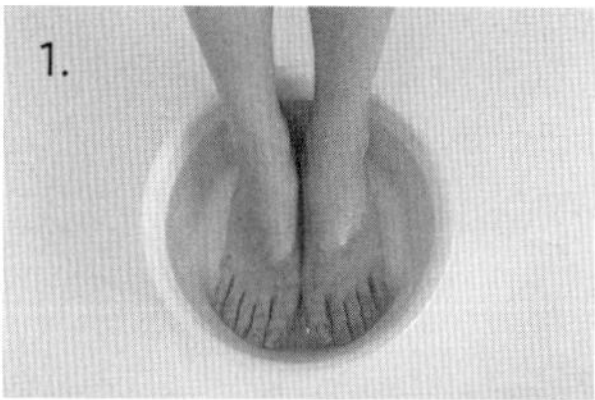

足をお湯につけるか、
お風呂に入って、
足裏をふやけた
柔らかい状態にする。

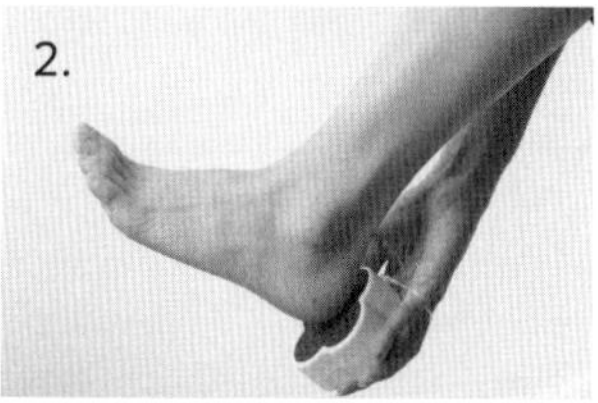

POINT
ここで終わりにすると、
ささくれだってギザギザした
仕上がりになってしまいます!

フットファイルの粗い面で、
柔らかくした角質を削る。

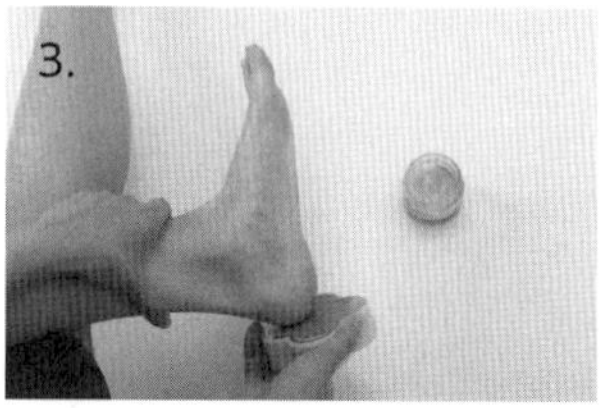

POINT
ただクリームを塗るよりも
つるつるになる!

足を拭いたら、
クリームやバームなどを塗り、フットスムーサー
(なければフットファイルの細かい面)を
使って、クリームをすり込むように磨き上げる。

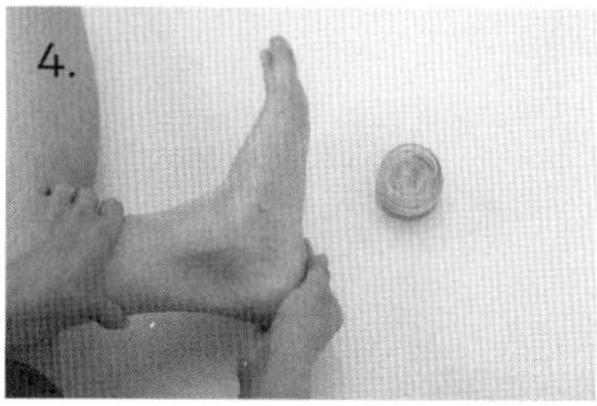

最後にもう一度クリームなどを塗る。
あれば足首ソックス(つま先が開いているもの)
などを履いて寝ると、翌朝はしっとりつるつるに!

point

「美人の手」は、
爪につやと潤いがある

爪の雰囲気が、
あなた自身の雰囲気になる

手をかけている印象が、
美人な雰囲気を作る

大人のネイルは、
デコよりシンプル

3

hair

美人かどうかは、髪しだい

「美人は髪型が9割」は本当です

きれいの印象を作ろうと思ったら、どんなときでも外せないのは手、とお話ししました。それは、手が必ず見られるパーツだからです。

ただし、手よりも早く目に飛び込んできて、その人の大まかな印象を最初に決めるのは別のところ。それが、髪です。

髪は、顔を囲んでいる額縁のようなもの。顔立ちに関わるところであり、面積も大きいので、人の雰囲気の大部分を占めるのは、やはり髪なのです。

ここで、あなたの周りにいる「ちょっときれいな人」を思い出してみてください。その人は、いつ見ても素敵なヘアスタイルをしていませんか？　そもそも、きれいな人にヘンテコなヘアスタイルの人はいないはず。それは、ヘアスタイルが素敵だから美人に見えているのです。

まさに、「ヘアスタイルで雰囲気は決まる」といっても過言ではありません。そうして髪で惹きつけた印象を、決定的なものにするのがきれいな手、というわけです。

と、こんな風に事細かに説明せずとも、髪の影響力の大きさは、すでによくご存じのことでしょう。長さや分け目を変えただけで、それこそ「雰囲気変わったね」と言われますし、横に張ったエラなど顔のコンプレックスをカバーするのにも役立ちます。手っ取り早く美人になろうと思ったら、まず髪です。

実際、私のような職業は取材で撮影されることがときどきありますが、上半身しか写らないなら、服を新調する前にヘアスタイルとネイルを整えるのが先。もちろん、下半身の靴やボトムスをほったらかしにしていいということではなく、あちこち気を回す前に、まず押さえるべきところを押さえなければ、きれいには見えないということです。

これは、多くの方々にとっても実は同じことでしょう。デートで食事したり、友人とカフェでおしゃべりしたりするとき、見えているのはほぼ上半身だけでは？「大事なときこそ、服の前に髪」なのです。

この章では、ｕｋａのサロンで実際にお客様にお伝えしているセルフブローのテクニックも簡単にご紹介しますので、ぜひ普段のセットに活かしてください。

ヘアスタイルは、「末端の動き」が勝負どころ

ヘアスタイルで作られる美しさには、「形」「質感」「色」の3要素があります。たとえば、ショートやボブ、ミディアムは、「形」で魅せるスタイル。丸やひし形など、その人の骨格に合った形になっていることが重要です。特に、フェイスラインがゆるんでくる大人世代にとっては、「顔型にちゃんと合った髪型になっているか」というのは、とても大切なポイントといえます。

ヘアスタイリストは、まるで彫刻をするように髪を少しずつ削りながら、顔の大きさに対してボリュームとバランスを調整していきます。たとえば、頬がやせている、顔の長さが気になるという場合は、横に広がるようなボリュームを出して「縦」が強調されるのを防ぎます。そうして、頭部全体をきれいな卵型に近づけていくわけです。

一方、ロングの場合、注目されるのは「質感」です。特に、大人のロングに必要なのは、ハリとつや。

そして、毛先の状態も重要です。しっとりまとまっていると、清潔な雰囲気。また、グラマーで優しい雰囲気の女性なら大きなカールが似合うなど、末端の毛先の動きがその人の雰囲気に合っていると、より美しく見えます。

そして、これらのヘアスタイルに個性を添えたり、肌色をきれいに見せたりする働きをするのが「色」といえるでしょう。

私の個人的な憧れをいうと、「素敵だな」と惹かれるのはショートやまとめ髪の女性です。顔型などのコンプレックスを隠してカバーするのではなく、「出す」というスタイルで素敵な雰囲気を漂わせている人は、相当な上級者でしょう。元が美人かどうかより、「私は出す」というポジティブな意識と自信が、その人を素敵に見せるのだと思います。水着やノースリーブなどと同じで、潔さとオーラのようなものが、雰囲気美人のレベルを1段上げるのです。

出すといえば、海外の女性は加齢で頬がやせても、そこにレイヤーを入れて隠したりしないのだそうです。それは、日本のような「かわいい文化」がなく、ふっくら丸く若々しい頬ばかりが魅力的とはされていないから。「ジェーン・バーキンの頬骨の美しさのように、大人の女性は年齢なりの骨格の美しさを活かしたほうがいい」という意見をSNSで目にし、私もはっとさせられました。

そこまで思いきるのはなかなか勇気のいることではありますが、いずれにしてもヘアスタイルできれいな雰囲気を作るなら、大切なのは顔周りの毛の動きだと思います。動きのない、硬い頭は古く感じられるうえに、暗い雰囲気にもなりがち。「ストンとしている」「カチカチにセットしている」というヘアスタイルから離れるだけでも、雰囲気はグッと変わるはずです。

トップと前髪の立ち上がりが、「横顔美人」を作る

ショートやボブ、ミディアムの形作りのなかでも、特に大切なのはトップ（頭頂部）です。

髪は正面から見られるよりも、実は横や後ろからのほうがよく見られています。そのとき、トップの根元にボリュームや動きがついていると、奥行きが出て立体的になるので、横や後ろから見たときも頭部がきれいに丸みを帯び、バランスよく見えるのです。

ですが、実際にはペッタンコになっていたり、パカッと割れていたりする人が意外に多いのも事実。そもそも、日本人の頭にはいわゆる「ゼッペキ」が多いのと、たいていの人が夜シャン派なので、寝ているうちにこういうクセがついてしまうということもあるでしょう。

そんな、自分からは見えにくい後ろ姿をきれいに仕上げたいときは、分け目の生え

グセとは逆方向にドライヤーの風を当てましょう。根元が立ち上がって割れにくくなり、自然なボリュームも出ます。特にトップがつぶれやすい人は、トップの毛束を持ち上げて、後ろからドライヤーの風を髪の根元に当てると、うまく立ち上がります。

このトップのほかに、もうひとつ立体感がほしいところは前髪です。ペタッとつぶさず、額と前髪の間に空間ができるように、根元をしっかり起こしてボリュームを出しましょう。

・前髪をどちらかに流したい場合

流したい方向と逆の方向から乾かすと、つぶれがちな前髪が起き上がって生えグセも直り、ナチュラルな土台を作ることができます。毛先の動きが必要であれば、カーラーやロールブラシを正面に巻いて、流したい方向に抜いていくのがおすすめ。

・前髪が長い場合

根元を立ち上げるために、前髪を垂直に持ち上げ、温風と冷風を交互に髪の根元に当てます。

こうして前髪の根元をきちんと乾かしたあと、手ぐしでなじませることでサイドとも自然につながり、かつナチュラルなボリュームとつやが出て横顔美人になれます。

前髪にふんわりとした立体感を作る

前髪を流したい場合

1.

ロールブラシを正面に巻く

→

2.

流したい方向に抜いていく

前髪が長い場合

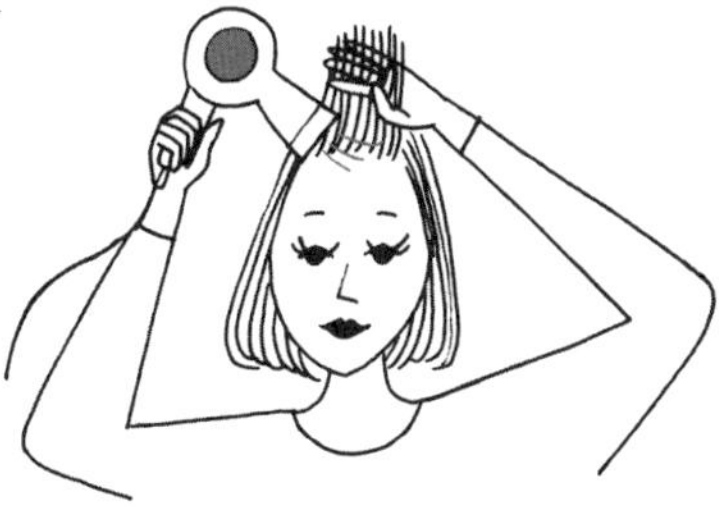

前髪を垂直に持ち上げ、温風と冷風を交互に当てる

1に質感、2に動き。
この2つでロングヘアの美人度は急上昇する

ロングで雰囲気美人になるには、2つの大切なポイントがあります。

1つ目は、質感。ロングは面積が広いので、髪のコンディションには特に気を配る必要があるといえます。そこで求められるのが、「ハリ」そして「つや」という質感なのです。元気なハリがあって、つやつやと輝いている髪は、若々しさや清潔感といった雰囲気に直結します。ところが、髪にコシがなかったり、乾いてパサついていたりすると、なんだかションボリして老け見えしてしまうだけでなく、セットもしにくくなってしまいます。

この2つは、加齢とともに失われていくものですが、外から与えてフォローすることも十分可能です。日頃からぜひ、「髪にもハリ・つやプラス」を意識していきましょう。

ロングの2つ目のポイントは、毛先です。

毛先の役割は、「動き」を出すこと。髪型は、顔の形に合っているということがまず大切ですが、そこに動きが加わると、よりその人にフィットして生きた髪型になります。髪の毛先は末端、つまり雰囲気を作るポイントのひとつ。毛先のニュアンスにこだわるだけで、雰囲気美人度はグッとアップするのです。

ロングの毛先にカールをつければ豊かな表情が出ますし、ストレートであっても末端をきれいに整えることで、「伸ばしっぱなし」感を防ぐことができます。

ちなみに、ショート〜ミディアムの人の場合も、顔周りの毛先に動きをつけると視線がそちらへいくので、口元やあご・首など、大人の気になるたるみをカバーするのに役立ちます。

完璧にセットされた髪より、手の通りやすそうな髪

髪の動きは、フェイスラインをカバーするだけでなく、「抜け感」という難しいニュアンスも叶えてくれます。

「抜け感」はよく聞く言葉ですが、その具体的な意味は「動きを感じられる」ということだと、私は考えています。

たとえば、白いシャツをぴったり着込んでいたら抜け感は生まれませんが、ちょっと襟をひらいて袖をまくるなど、崩しが入って動かされていると「抜け感がある」という状態になりますね。

髪も、「かき上げてきれい」「手ぐしを入れてきれい」「耳にかけてきれい」というように、動いてきれいな毛先は、ほどよい抜け感を生み出して、本当に素敵な雰囲気を作ります。顔周りに動く毛があれば、顔の強調されたくない部分の印象をうまくぼかすこともできて一石二鳥。

逆に、完璧にかっちり作られたものには動きがありません。手ぐしを入れられないほどビシッとセットされた巻き髪など、動きがない髪型をすると、なんだか「ひと昔前」という感じになってしまいがち。つまり、動きとは「今っぽさ」でもあるのです。

ほどよい動きを出すには、スタイリング剤の使い方がカギ。

量が多すぎると、固まりすぎたりベタついたりする原因になってしまいますから、最初は少なめにとり、足りなければ足すというようにすれば、つけすぎを防げます。ベストな量やつけ方はそれぞれなので、カットしてもらったヘアスタイリストに教えてもらうのが確実です。

ラフさを残しつつ「きちんと感」を出す、大人のまとめ髪テク

まとめ髪にも、動きは大切。「ぴっちり」より「ゆるっと」が望ましいのですが、大人の場合は一歩間違うと、疲れた感じに見えてしまいがち。手ぐしでラフにかき上げたように見えて、「つやがあってきちんと感のある仕上がり」というのが、大人のまとめ髪の必須条件なのです。

ですから、一見ラフなまとめ髪にも、周到な計算が必要です。結ぶからいいわと思わず、表面にくるトップの髪は巻いて毛先に動きを出すか、ブローしてつやを出しましょう。そのうえで、フェイスラインをカバーする効果のあるおくれ毛を残して結びます。

結ぶ位置は高ければ高いほどフレッシュに、低ければ落ち着いた印象になります。

ラフなのにきちんと感のある ひとつ結び

1.

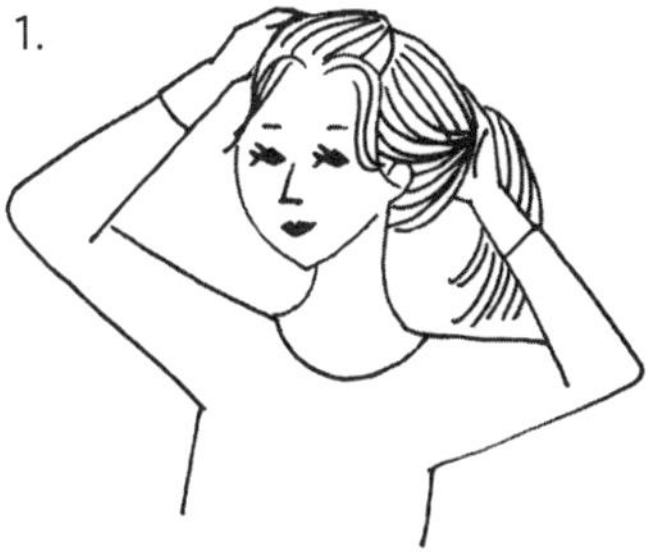

ヘアクリームやワックスを全体になじませておく。手ぐしで分け目をなくすように後ろに向かって髪を流すと、柔らかくふんわりとしたトップになる。

↓

2.

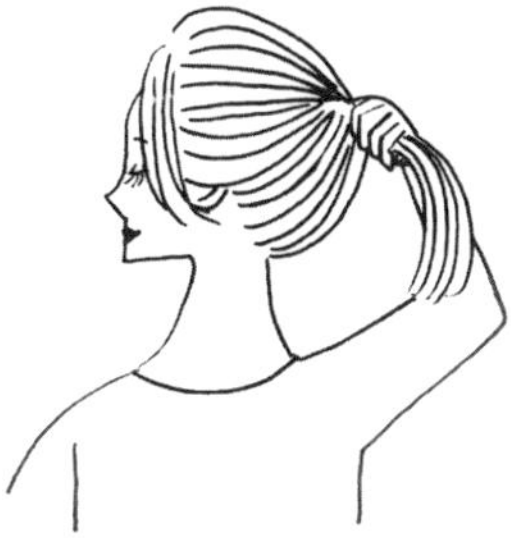

サイドはおくれ毛を残しつつ、耳の上3分の1を髪で覆いながら結んで、自然なラフさを出す。

「崩れない人」が、必ずしていること

きれいな人というのは、朝だろうと夕方だろうと、食事中でも運動中でも、いつ見てもきれいなもの。そういう「ずっと崩れない人」になるには、ちょっとしたコツがあります。

それは、シャンプー後にしっかりドライするということ。

髪は、濡れている状態から乾くまでの間に形が決まってしまいます。ですから、そこでしっかり形を作りながら乾かしきることが、きれいな髪型を作るコツなのです。

まず、タオルドライでよく水分を拭き取ったあと、ドライヤーで根元から水気を飛ばします。しっかりと乾かし根元の立ち上がりを作ったら、その後、中間→毛先の順番で乾かします。耳から下は毛量が多いので、念入りに。ボリュームを出したい場合は、普段の分け目と逆の方向に向かって乾かしましょう。

夜シャンプーして、朝スタイリングし直すという人も、寝る前にちゃんと根元までドライすることが大切です。朝のスタイリングがしやすくなり、髪も傷みません。

きちんと乾かしてよくブローされた髪は、キューティクルが整って、つやが出ます。「つやがあるから崩れて見えない」というのも、崩れない人の秘密なのです。

夕方から予定がある日は、お出かけ前に手ぐしで下から上に髪をかき上げ、根元を立ち上げて整えると、ボリュームと動きが復活します。メイク直しで使ったリップバームを、ついでに髪にもなでつけてあげると、つや感がよりアップするのでおすすめです。

今年似合った髪型が、来年も似合うとは限らない

ところで、ショートにしてもロングにしても、一生ずっと同じ髪型が似合うとは限りません。それは、髪の状態も、顔つきも、年齢とともに変わるから。今「よく似合う」とほめられる髪型が、来年も同じように似合うとは限らないのです。

まず、髪の状態が年齢にともなってどう変わるかというと、「コシがなくなってうねる」「スタイリングがしにくい」「ボリュームが足りない」……これらのお悩みの原因は、加齢にともなって髪が痩せていき、細くなるせい。ですから、ずっと同じロングにしていても、20代の頃とは量感や質感が違ってきて、見た目の印象が変わるということなのです。

特に、ロングは面積が大きいので、髪のコンディションが問われるスタイルです。ハリとつや、きれいな毛先をキープするのが難しい場合は、ケアのしやすいミディア

ムくらいにとどめておいたほうがいいかもしれません。

そして、顔つきのほうはどう変化するかというと、頬やあごにお肉がついたり、フェイスラインがゆるんできたりと、全体的に間延びしてきます。顔が大きく見えないようにカバーするには、大人は髪型にボリュームをつける必要があるわけです。

すでに今、自分にとってベストなボリュームとバランスは、もう昔と変わっているかもしれません。大人世代は同じ髪型にこだわりすぎず、ヘアスタイリストにお悩みを相談しながら、常にアップデートしていくのがベストでしょう。

大人の髪型を「ロングが似合う・似合わない」程度で考えていると、気づかないうちに罠に落ちてしまうかもしれないのです。

雰囲気美人とは、「その場にとどまらない人」

会う度に髪型が変わっているような人もいる一方、「これがいちばん似合うから」「落ち着くから」ということで、何十年もずっと同じ髪型で通している人も多いものです。

ですが、先ほどご説明したとおり、同じ髪型が一生似合うとは限りません。

それに、髪型を変えれば文字どおり「雰囲気変わったね」になるわけですから、もし今の自分を変えたいとか、今がちょっと退屈だと感じているなら、まず髪型かヘアサロンを変えてみることをおすすめします。

雰囲気美人とは、じっとその場にとどまっているものではありません。

「時の流れに身をまかせ」ではないけれど、時代や、自分が今置かれている環境、そしてそのときの気分に応じて、常に自分をアップデートさせていく人です。

だから、いつの時代も、いくつになっても、雰囲気美人には「今が旬」と感じられるみずみずしさがあるのです。

大人の髪を救う「マスト成分」はアミノ酸

生まれ持った髪質や、カラーやパーマをしている・いないなどの状態は人それぞれ違いますが、どの髪も「タンパク質である」ということは同じ。ですから、ｕｋａのシャンプーは、アミノ酸（タンパク質を構成している成分）がたっぷり入った処方です。細く弱い髪にも、傷んだ髪にも、アミノ酸を補給して髪質を向上させるのにとても効果的なのです。

毎日使うシャンプー・トリートメントは、アミノ酸が入っていることを確かめたうえで、ボリュームアップ・ボリュームダウンなど、自分の髪の悩みや、スタイリングの好みに合ったものを選ぶとよいでしょう。

髪を洗ったらすぐに流さず、泡でパックするようにしばらく放置すると、アミノ酸が傷んだところに吸着します。ｕｋａのシャンプーの場合は、熱を加えるとそのアミノ酸が内部に浸透する成分も入っているので、お風呂から上がったらしっかり乾かすだけで、つやが出ます。

シャンプー前にブラッシングをして汚れを浮かせ、何もつけずに3分間を目安に髪をお湯で流す「予洗い」を行えば（これだけで8〜9割の汚れが落ちます）、よりアミノ酸の効果を実感できます。爪の傷みやネイルが剥げてしまう心配がなく、しっかり洗えるシャンプーブラシを使うことも、ｕｋａではおすすめしています。


美髪を育むもうひとつのポイントは、頭皮環境を整えること。

スペシャルケアとして、ときどきサロンで頭皮クレンジングをしてもらいましょう。毛穴をきれいにしてあげることで、髪の立ち上がりがよくなります。さらに、頭皮用の美容液をつければ頭皮がもっちりと潤い、毛穴周りの皮膚に厚みと弾力が生まれて、根元から髪を支えてくれますよ。

ハリ不足の場合は、同時にボリューム不足も気になりやすいものですが、こういう場合は頭皮美容液などでのケアのほか、部分エクステや部分パーマも最近人気です。

乾燥が気になる髪には、オイルで潤い補給

髪が乾いた時点でパサつきを感じる原因は、ダメージによる乾燥です。

アミノ酸系のシャンプー・トリートメントで、ダメージによって失われてしまった髪の成分を補給してあげることはもちろん、オイルで潤いを与えるとより効果的です。

髪の保湿剤にはいろいろありますが、種類が豊富でリーズナブルなものもたくさん見つかるオイルは、手軽に使えて効果はしっかり得られる優秀なアイテム。濡れたままの状態で髪につければ、ドライヤーの熱から守ってくれるだけでなく、乾いたあともつやと潤いの感じられる髪になります。

ちなみに、髪を乾かさずに寝てしまうのは、やはりいいことではありません。濡れてキューティクルがひらいたまま横になると、枕でこすれて髪が傷んだり、雑菌が繁殖して頭皮が臭う原因にもなってしまうからです。翌朝、ゴワゴワになってセットがしにくくもなるので、疲れていてもなるべく髪は乾かすように頑張ってください。

「いつかはグレーヘア」。大人の節目を迎えるその日まで

ボリュームダウンやパサつきに加えて、白髪も大人にとっては悩ましい問題ですね。最近では、グレーヘアを活かしておしゃれを楽しむ素敵な方も多く見られますし、カラーヘア派・グレーヘア派の意見は分かれるところかもしれませんが、いずれにしてもヘアケアせずほったらかしにしているのはNG。特にグレーヘアを選ぶ場合、つやとボリュームはマストといえます。もしボリュームが減っているのなら、思いきって短めにしたほうが素敵です。

カラーヘアからグレーヘアに移行する場合は、髪の表面だけカラーリングをして中のグレーヘアを増やしたり、ハイトーンのカラーを入れて徐々にグレーになじませたりなど、さまざまな方法があります。

グレーヘアにすっかり移行した後は、メイクに力を入れるのがおすすめ。髪色が明るくなる分、アイラインを強めにしたり、リップを濃いめにしたり、顔をはっきりさ

せることを意識すると、メリハリが出てバランスがよくなります。グレーヘアに合わせて、改めてメイクレッスンに通い直してみるのもいいですね。

グレーヘアは今や、新たな「大人の節目」のような気がします。まさに、肚《はら》を決めた大人の女性の極みでしょう。イメージが大きく変わるだけに、チャレンジするときは信頼できるヘアスタイリストと計画的に行うべきだと思います。

私自身はというと、「人生１００年時代」といわれるこの時代、もう少し先の楽しみにとっておくつもり。グレーヘアが似合うような、素敵な大人にいつかなりたいものです。

「こんなはずじゃなかった」を防ぐために
——サロンでのオーダーのコツ

さて、家でのヘアケアとスタイリングについていろいろとノウハウをお伝えしてきましたが、髪型の良し悪しを左右するのは、最終的にはやはりサロン。

納得のいくスタイルを目指して、ヘアスタイリストといかにコミュニケーションを上手に取るかが、雰囲気美人になれるかどうかの分かれ道です。

とはいっても、それがなかなか思いどおりにならないのですよね。

そこで最後は、サロンでのオーダーのコツをいくつかお話ししましょう。これは、ネイルサロンでのオーダーにも応用できます。

まずは、当たり前のようではありますが、カットの前にきちんとカウンセリングしてくれるサロンを選んでください。そして、解決したいことを自分の中で明確にしてから出かけることがポイントです。

今日はどこをどうしたいのか、どんなお悩みがあるのか、ヘアスタイリストと話し合いながら、目標イメージを共有しましょう。

ちなみに、ヘアカタログに出ている髪型には、カットモデルの「顔」がついています。すると、顔も込みで好みの髪型を選んでしまいがちですが、モデルと自分の顔は当然違うもの。好みのイメージと自分を正確にすり合わせるには、なるべく顔型や顔立ちが自分と近いところから選ぶことです。ヘアスタイリストも、自分とセンスや好みが似ている人がベスト。服装などを見て、「この人のセンスが好きだな」と思える人にお願いするといいでしょう。

「おまかせします」は要注意ワード

次に大切なことは、「今の気分」の服とメイクでサロンに行くことです。サロン側は、そのほうがあなたのイメージや好みをつかみやすいので助かります。気まぐれで普段はしないような格好をしたり、過剰におめかししたりすると、スタイリストがその服装を参考にした結果、普段の格好には合わないスタイルに仕上がってしまうかもしれません。

それから、どんな有名店であっても、どんなカリスマスタイリストであっても、本当の自分をわかってもらうまで「おまかせします」はそれなりの覚悟が必要な言葉だと思ってください。

具体的な要望やイメージを何も伝えないのですから、ヘアスタイリストの独断にまかせた結果、予想していたのとまったく違った……ということになる可能性は、十分あります。でも、「おまかせします」は、言い換えるなら「どうなっても文句は言いません」なのです。

ヘアスタイリストとよほど信頼関係ができているか、「新しい自分を発見したい。どうなっても受け入れよう」という覚悟があるとき以外、「おまかせします」は容易に言わないことをおすすめします。

髪も行動も、「動き」がみずみずしい印象を生む

でも、これだけ注意していても、どこかで何かが食い違ってしまうことはあるものです。

私は以前、「普段のファッションがコンサバなので、無難にお願いします」とお願いしたら、でき上がったのは真っ黒のウルフカット（笑）。

「だって、あなたにはこれが似合うの！」と、超ベテランのカリスマスタイリストの自信たっぷりな言葉に私は動揺。

「合わせる服がないかも」と思わず声に出したら、何と返されたと思いますか？

「じゃあ、買えばいいじゃない」

でも、カットされてしまったあとは、それを受け入れる潔さも大切です。極論ですが、髪は伸びるのですから。

「合わせる服がないなら買えばいいじゃない」と返された私も、「ですよね……」と

妙に納得してしまい、ウルフカットに合いそうなモード系の服を探しに行ったのです。するると意外なことに、周りの人には「そういうスタイルも似合うわね」とほめられたりして、結果的に自分の幅が広がる嬉しい経験になりました。

雰囲気美人は、常に前を見ているのが身上。もしイメージと違う結果になったとしても、いつまでも「ああ、いやだいやだ」と言っていないで、もう一度カットし直すなり、アレンジするなり、楽しんで先へ進みましょう。

思わぬことが「イノベーション（革新）」につながることは、人生にときどきあるものです。

私は、常に自分にイノベーションを起こし続けている人＝「動き」のある人が、雰囲気美人の条件のひとつだと思っています。

「変化なくして進化はあり得ない」のですから、失敗を恐れるあまり守りに入りすぎず、いつでもちょっぴり冒険を楽しむ意識でいましょう。そして、いつでもみずみずしくしなやかなあなたでいてください。

p o i n t

33

ヘアスタイルは顔の額縁

髪にハリとつやがあれば、
だいたい美人に見える

動きのある髪は、
顔の欠点を目立たなくする

自分を素敵に見せる髪型は、
日々変わるもの

4

make

美人顔は、作れる

「あの人美人！」と感じる本当の理由

私たちは日頃の美容において、顔には相当な情熱を傾けているものです。それは、美人といえば「美しく整った顔」という意識があるからでしょう。手や髪をおろそかにしてしまうことはあっても、顔をかまわないという人は、おそらく少ないはずです。

ところが、そんな私たちが他人の顔すべてをすみずみまで覚えているかというと、意外とそうでもなかったりします。

たとえば、「ねえ、この間会社に来た◯◯さんなんだけど……」と、ここにいない人のことを話されたとしましょう。

すると、「ああ、あのショートカットの人ね」とか「メガネをかけた人ね」というように、顔のどこか一部分は思い出しても、顔の造作すべてを思い出すことは少ないのではないでしょうか。たとえそれが美人といわれる人で、「あのきれいな人ね」と思ったとしても、どこがきれいだったかと聞かれると、よくわからない。

実は「顔のどこかがきれいだった」という余韻が、美人という大まかな結論につながっているのであって、「目がパッチリした人」の鼻がどうだったかまで覚えていることは、案外なかったりするものです。

「完璧な顔」と思われている女優さんやモデルさんでさえ、それは同じ。実は本人なりにコンプレックスを持ってはいても、見ている私たちがそれを感じることはありません。

それは、彼女たちが美しさを印象づけられるポイントをしっかり押さえて、そこを効果的に押し出しているから。だからこそ、コンプレックスなど感じさせないパーフェクト美女に見えているのです。

「推しパーツ」と「美人見えパーツ」。力を入れるべきはこの2つ

要は、すべてが完璧でなければ美人に見えないわけではなく、美人に見せるためにすべてを完璧にする必要もないということ。一部の印象をあざやかに残せば、誰でも雰囲気美人に見せられるのです。それには、2つのコツがあると思います。

1つ目は、自分の「推しパーツ」を決めること。「まつげが長い」「唇の形がセクシー」など、ここは自信があるというパーツは、特に際立つように丁寧にメイクするのです。そしてほかを引き算すれば、美しい部分が自然に突出して、「顔の印象」になってくれます。

2つ目は、「美人見えパーツ」をしっかり押さえること。

美人見えパーツとは、押さえれば誰でも美人度がアップする部分のことです。それは、顔の中の末端にあたる、眉尻・目尻側のまつげ・下唇。この「顔のはじっこ」をきちんと整えると、顔の印象がグンと変わる実感があるはずです。

「端」が整っていると、美人に見える

完璧なメイクと、「素敵」と思わせるメイクとは、少し違うと私は思います。どちらもきれいではあるのですが、素敵に見えるメイクとは、「力みを感じさせないけれど、細部はきちんとしている」メイクのこと。どこから見ても一分の隙もない、完璧な美しさではなく、抜け感がありながらもほどよい緊張感があるメイクです。大人の顔には、このさじ加減が特に大きくものを言います。

大人の顔は、若い頃と違ってしだいにパーツの色や形があいまいになり、ぼやけてくるのが特徴です。ですが、これはあくまで物理的な現象のお話。イメージの世界での人の顔とは、もともとあいまいなもので、目につくところ以外はモヤモヤとぼやけた印象です。

そこを逆手にとって、そのぼやけた部分をあいまいなまま活かしながら、ここぞという部分だけに時間をかけて美しく仕上げる。そこに視線を集中させれば、誰でも美人に見せられるのです。

その、誰にとってもここぞという部分＝美人見えパーツこそが、眉尻・目尻側のまつげ・下唇という、「顔のはじっこ」。

ネイルを押さえれば「きれいな手」、毛先が整っていれば「きれいな髪」という印象につなげやすいのと同じように、顔にも「末端を整えるときれいに見える」という原則が当てはまる、と私は考えます。

ですから、これらの「顔の中の最も外側」にあたる部分をきれいにしておけば、顔全体が美しく見えるというわけです。

誰もが一瞬で美人度アップ。眉の法則

美人と言われる人に、眉のヘンテコな人はいないもの。「素敵な感じの人」という印象を作りたいと思ったら、最も重要なのは眉です。

眉は、顔の中に点在している目・鼻・口といったパーツをまとめ上げる、額縁のようなもの。どういう顔立ちであっても、それをまとめる眉しだいで、美しく見せることもできれば、その逆になってしまうこともあり得ます。

そんな眉のなかでも、特に外せないのは眉尻。途切れたりぼやけたりせず、すっと美しく描かれていると、正面だけでなく、横顔まで美しく見えます。

その眉尻に対して、眉頭は「どう見られたいか」というイメージにつながる部分です。自然に見せるために、境目をあいまいにするというポイントだけ押さえたら、優しく見せたければ薄く、意志を感じさせたければ濃いめに。

また、眉のある位置、長さも意識すれば、より整った印象になります。

私は、友人であるメイクアップアーティストのＭＩＣＨＩＲＵさんに、「季穂ちゃんはもっと眉を短くしたほうがいい」と言われたことがあります。曰く、眉の長さが顔の大きさの印象を決めるので、私にはそのほうがバランスよく見えるとのことでした。

同じく友人でメイクアップアーティストの山本浩未さんは、歳を重ねると表情筋が衰えて、眉と目の間があいてくるので、形ばかり意識して眉の上側を描くのではなく、眉の下側を足すように描き、目と眉の間の距離を縮めたほうがいいと言っていました。

爪だけを見て、手元全体を見ていなければ似合うネイルは見つけられないように、眉も形がきれいに描けているかどうかよりも、引いて鏡を見て、描いた位置や長さが顔全体をバランスよく見せてくれているか、確認することが大切なよう。

普段「私はこれ」と習慣的に描いている眉を、ちょっと長くしたり、短くしたりと試してみたら、思いがけず印象が変わり、ベストバランスが見つかるかもしれません。

今の眉に違和感を感じているのであれば、百貨店のカウンターなどでプロに相談し、リセットしてみては？

大人の目は、大きさよりも「端」にこだわる

アイメイクというと、黒目の上のアイラインやマスカラ使いで、目を縦に大きく見せることに気をとられがち。ですが、アイメイクのポイントも実は「端」です。目が大きくても小さくても、目尻をきちんと整えることで、雰囲気のある印象的な目元になります。

まずこだわりたいのは、目尻側のまつげ。顔の最も端にあるパーツですから抜かりなく。マスカラは根元からしっかりと、目尻まできちんと塗れていることを確認しましょう。

ちなみに、アイメイクがわりにまつげエクステをする人は多いのですが、しているうちに「もっと、もっと」とエスカレートしてしまい、適量を超えて大量につけてしまいがち。不自然な量や長さは、強調を超えて「蛇足」になってしまうので限度を見極めることが大切です。

まつげに加えて、目尻側のアイラインがすっと美しく引かれている横顔美人には
ハッとさせられます。逆に、目尻より外側に引いたアイラインがガタついてにじんで
いたりすると、魅力は半減してしまい、残念な印象。

きれいに描くには、リキッドアイライナーの筆のコシが重要です。自分の筆圧や、
まぶたの皮膚にピンとハリがあるか、柔らかいかによっても、ちょうどいいコシは変
わってきます。今は、幅広い価格帯でたくさんの種類のアイライナーが出ているので、
自分にとって描きやすい逸品を見つけることが、魅力的な目元への第一歩です。

下唇のボリュームアップは、手を抜かない

唇は、セクシーさとフェミニンさの象徴ともいえるパーツです。特にほしいのは、下唇のハリ。ここが乾いてしぼんでいると、老けて見える原因になってしまいますが、ふっくらとボリュームがあると、華やかで魅力的な印象です。

メイクで下唇のボリュームを出すには、輪郭をオーバー気味にしっかりと描いて存在感を出してから、リップカラーを塗ること。さらにグロスを重ねれば、立体感とつやが増してより魅力的になります。

ただし、大切なのはここでもバランス。顔全体が映る大きな鏡で、顔の面積に対して唇の分量が多すぎないか注意しましょう。

もちろん、グロスでぷるっとさせる前には、唇のガサガサをきちんとトリートメントしておくことが大切です。みずみずしくパーンと張った「今が旬」の唇を育てるに

は、普段から保湿効果の高いリップクリームやバームをこまめに塗りましょう。さらに、週1回のスペシャルケアとして、スクラブで古い角質を取り除いてあげると効果的です。

やり方は、まずコットンにお湯を含ませ、唇に当てて湿らせます。次にリップスクラブを綿棒にとり、唇の上でくるくると優しく回しながら角質を取ります。そのあと、洗い流すかスチームタオルなどで優しく拭き取ります。

角質オフが済んだら、柔らかくなった唇にリップバームをたっぷりのせ、上からラップで密閉します。3〜5分ほど置いてラップを剥がせば、つやつやプルプルの唇に。ただし、唇は皮膚が薄くデリケートで、ターンオーバー（皮膚の生まれ変わり）が早い部分なので、やりすぎにはくれぐれも注意してください。

最後に、美容業界の素敵な先輩から教えていただいた、とっておきのエクササイズを。まず、唇を「タコの口」のように突き出し、次に唇を突き出したまま「O（オー）」の形に開きます。なるべく細いOになるように、口の周りに力を入れて。こうして口の周りの筋肉を鍛えると、年々減っていく唇のボリューム感が保たれ、血色もアップするのだそう。顔のたるみにも効果的なので、1日1分でも行ってみてくださいね。

唇がプルプルになる
エクササイズ

1.

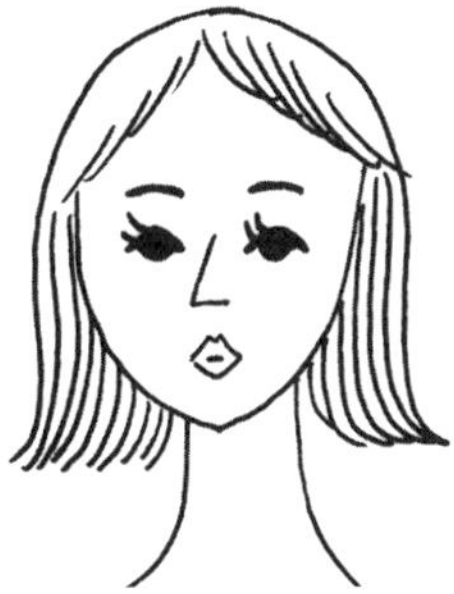

唇を「タコの口」のように突き出します。

2.

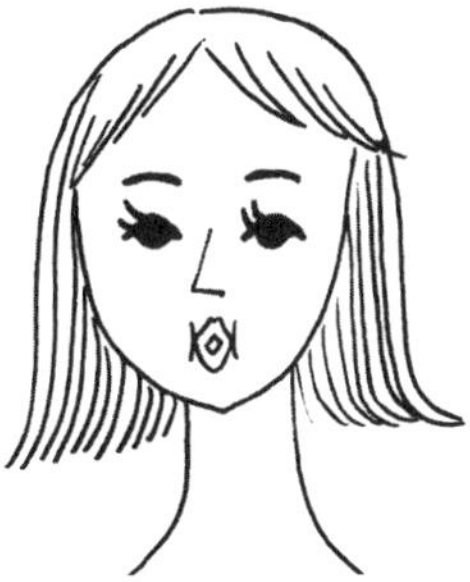

突き出した唇を、「O（オー）」の形に開きます。
なるべく細い「O」になるように口の周りに力を入れましょう。

ベースメイクの基本は、「生っぽさ」

霧囲気美人のメイクは、すべてが完璧である必要はないと思います。むしろ、あまりメイクをしていないほうが、かえって抜け感が効いて素敵に見えることもあるくらい。

それはここまでお話ししてきたように、ここぞというパーツだけをポイントメイクで強調し、そちらに視線を引きつけることができていれば、美人効果は十分得られるからです。頬や額などの広い部分は入念に作り込まず、メイク感と素肌感をあいまいにしておいたほうが、適度な抜け感が出てきます。

ちなみに、普段の私のメイクは、SADA（伊藤貞文）さんからコツを教わったもの。まず、ファンデーションは顔の中心部にしか塗りません。Tゾーンと目の下の三角ゾーン、小鼻の脇くらいまでリキッドファンデーションをのばしたら、あとはルースパウダーをさっとはたいて終わり。確かに、すみからすみまでファンデーションを塗ると、素肌っぽさが感じられず、まるでお面をかぶったような息苦しい質感になってしまいますが、こうするとナチュラルな立体感が簡単に出せます。

それではカバー力が足りないと思われるかもしれませんが、たとえシミやそばかすが多少あっても、肌にハリとつやさえあれば、清潔感は損なわれません。完璧にカバーされた美肌を目指すよりも、生っぽさの残った軽やかな仕上がりのほうが、いきいきとした生気があってずっと魅力的です。

よりつや感重視で仕上げたければ、美容液成分が入っているなど保湿力の高いファンデーションを、なるべく薄くのせて、コンシーラーやハイライターをうまく取り入れるのがおすすめ。

また、最近ではブラシメイクが人気ですが、メイクアップアーティストのyUKIさんが開発した「yUKIBRUSH」を私も愛用中。上質な毛とこだわりの密度でファンデーションを均等に薄くつけられるので、顔全体がのっぺり平坦な印象にならず、自然なつや肌に仕上がります。手やスポンジよりも細かな部分に密着させられるので、毛穴もカバーしてくれるのが嬉しいところ。とてもきれいに仕上がるので、メイクが苦手という人ほど、「ブラシでファンデーション」をぜひ試してみては？

あえての「80点」が百点以上の雰囲気を作る

私には、公私ともに仲よくさせていただいているメイクアップアーティストの方々が大勢いますが、皆さんからいただいたアドバイスを振り返ってみて、あることに気づきました。

「眉の長さと位置で顔の面積の印象が変わる」ということも、「顔の中心部だけにファンデーションを塗る」ということも、顔の真ん中を印象づけるテクニックなのです。

ベースメイクは、顔の中心部だけにファンデーションを塗り、外側はあいまいにしておくことで、自然なメリハリが生まれます。ポイントメイクも、たとえば下唇の中央だけにグロスをのせることで、ふっくらとしたボリューム感につながります。まんべんなくすみずみまで頑張らなくても、「顔の真ん中」に重点を置けば、自然な立体感が感じられて、ちゃんと美人な印象の顔になるわけです。

このことに気づいた私は、「凹凸のない私の顔のポイントをよく押さえていらっしゃって、さすがプロ！」と感心しました。

あれもこれもと、すみずみまでまんべんなく頑張ってしまうとトゥーマッチ。「80点」くらいの引き算美人を目指せば、ちょうどいい感じになれるのです。

ただし、ナチュラルでもちゃんと欠点をカバーすることは大切。

私の場合、メイクアップアーティストの友人たちから「目ばかり主張が強すぎるから、まつげパーマはやめたほうがいい」「メイクはマスカラだけでいい」「かといってまっさらはだめ」とか、「チークを入れる場所が違う」「目尻にラインを引け」とか、しょっちゅういろいろなアドバイスを受けています。

また、写真の中の静止している自分と、実際に動いている自分は、きっと別人。メイクされた顔に表情がついて、初めてその人の魅力がわかります。ですから、向かい合って会話をする友人のなにげない感想も、大切なアドバイスです。

ukaで開催しているワークショップやメイクレッスンも人気です。たまには思いきってお友達と一緒に受けてみては？

メイクの仕方も古くなるので、常にアップデートは必要。たかがメイク、されどメイクです。

大人になればなるほど、「肌」が最高の美人見せパーツになる

さて、ここまでのお話は、メイクテクニックによる視線のコントロール効果で美人に見せる例でしたが、特定のパーツ以上に「きれいだな」と感じさせられるポイントが、実はあります。それが、肌です。

雰囲気美人の顔のことについて語るならば、目が大きいとか鼻が高いといった顔立ち以上に価値があるのは、肌だと思います。特に、年齢にともなって顔のパーツの色や形がぼやけてくることを考えると、「大人になればなるほど、肌」なのです。

実際、私の周りの雰囲気美人にはまったくお化粧をしない人もいますが、なぜかとてもきれい。それは、肌にハリとつやがあるからです。

その肌が、透明感のある色白肌なら申し分ありませんが、もしそばかすがあったり、日焼けしてシミがあったとしても、内側からパーンとはね返すようなハリとつやさえ

あれば、ヘルシーな若々しさと清潔感が感じられるものなのです。

逆に、目鼻立ちが美しく整っていたとしても、肌や髪がカサついていてしぼんでいたら、「老けている」「疲れている」「不幸せそう」という印象になってしまい、その人を「きれいな人」「素敵な人」だとは思わないかもしれません。

内側からのハリとつやは、あふれるエネルギーや若々しさの証明。心身の健康から生まれる、本物の輝きです。それは、まぶしい魅力となって人目を引きつけます。

メイクで視線をコントロールすると美人に思われるのと同じく、肌がきれいな人は、肌で美人に見せることができます。肌にハリとつやさえあれば、美人と同じくらい、あるいは美人以上に美人っぽい雰囲気を出せるということなのです。

化粧水の前にオイルマッサージ！プルプル感を仕込めば、メイクは薄くてもＯＫ

ハリ・つやのある肌作りには、まずスキンケアが欠かせません。

朝晩のお手入れで肌を育むのはもちろん、メイク前の下準備もスキンケアから始めると、質感にグッと差が出るのを感じられるはず。

スキンケアを行うときは、時間があれば最初に顔全体をオイルマッサージします。すると、むくみが取れて、血行がよくなります。さらに、オイルが肌を柔らかくして潤いの土台を作り、そのあとに使用する化粧水の浸透を助けてくれるので、プルプル感を高めてくれる実感があるのです。

そうしてしっかり潤った上に薄くファンデーションをのせれば、肌はハリ・つや感をたたえた理想的な状態に。ここまで整ったら、過剰なメイクは必要ありません。大事なパーツの「端」だけ押さえれば、十分すぎるほどの美人顔に仕上がるでしょう。

パール入りプライマーやコントロールカラーで、いっそう惹きのある肌へ

内側から湧き出てくるような本物のハリとつやは、バランスのよい食事や十分な睡眠・運動といった、生活の充実によって培われるもの。でも、何かと多忙な現代女性が、毎日これを維持するのはなかなか大変なことではないでしょうか。また、普段元気な人であっても、心配事やストレスなどで心がゆらぐと、それは外側に反映され、弾むようなハリもしっとりしたつやも、たちまち損なわれてしまいます。

そのうえ、大人の肌はハリ・つやが不足しているのが当たり前。肌が持っている弾力や潤いは、加齢とともにどうしても目減りしていくものなのです。

ですから、スキンケアだけでハリ・つやを出すのが難しいと感じたら、プライマー（化粧下地）を取り入れてみるといいと思います。

プライマーは、疲れた顔に「光」を与えてくれるアイテム。大人の肌にも、望みどおりのハリ・つやを足すことができます。

私のお気に入りは、パール入りのプライマー。最初に、高く見せたいところにつやを仕込んでおいて、上からファンデーションを塗ってつやを透けさせると、さりげなく自然な仕上がりになります。しかも、プライマーがもたらしてくれるつやが、同時にハリもあるように見せてくれるのです。

プライマーには豊富な種類があり、プチプラでも高機能なものがいろいろ見つかるので、好みの仕上がりで肌に合うものを探してみてください。

ハリ・つや不足に加えて、色ムラやくすみ感が気になるという場合は、ほんの少しコントロールカラーを塗りましょう。ピンクやパープルのコントロールカラーには、血色のよい明るい肌を演出する効果があります。

ホームケアを続けながら、ときにはプロのケアを活用する

大人になったら、美容のテーマは「土台の強化」。投資すべきは、メイクよりもスキンケアです。そのうえで大切なことは、たったひとつ。「諦めたらだめ」ということに尽きると思います。

手をかけていない人は、どんどん差がついて後退してしまうのが大人世代。肌の底力が落ちてきているのですから、手を休めたとたんコロコロと坂を転がり落ちてしまうのは、当然といえば当然です。

疲れた肌を日々のスキンケアでフォローしてあげたり、ときにはピーリングなど「攻めのケア」で活を入れたりすることが、若い頃以上に大切なのだと、私自身そう思います。

それに、急に人前に出るような用事ができたとしても、明日すぐきれいになるというわけにはいかないもの。いざというときにものをいうのは、やはり普段からの努力

の継続です。

この「継続」というのは、月1回のサロン通いでもいいのですが、最も大切なのは毎日のホームケア。きちんとメイクを落とす、保湿する、UVケアをするといった、基本的だけれど大切なケアを怠らずに続けていれば、40代以降が確実に変わります。

ちなみに、若い頃にこの基本を面倒くさがってサボった私は、後にたくさんのお金と時間を費やすことになりました（苦笑）。

続けるためには、アイテムのヴィジュアルや香りにこだわるのも大切なこと。なるべく楽しんで続けられる、気分が上がるものを選びましょう。

プロのケアの醍醐味を味わう

そうしたホームケアの継続を基本として、美容クリニックやエステをカンフル剤的に活用することは、もちろん大人の美容には効果的。

私が効果を実感しているのは、フェイシャルマッサージです。年齢とともに衰えてくる肌の底力を、ハンドマッサージで活性化してもらうのですが、ハリ・つやがアップして元気な肌になります。特に、頭皮とデコルテを先にマッサージしてから顔を行うと、血行がよくなって顔色がパッと明るく晴れわたるようです。

また、気になる顔のたるみは、ヘッドスパで上から全体的に引き上げるのがおすすめ。頭には筋肉がほとんどないので、何もしないと頭皮から顔がどんどん下がってきてしまうのです。また、頭が凝っていると表情美人になれませんから、セルフマッサージでもいいので、頭皮を動かしてあげることが大切です。

私が思うに、現代の女性はみんな顔が凝っている様子。コミュニケーションが少なくなって、表情を動かす機会が減っているのがその理由ではないかと思うのですが、血流もリンパの流れも滞りますし、表情筋が衰えるともちろん顔はたるんできてしまいます。

たるみが最初に気になるのは目の下やほうれい線ですが、50代くらいになると、いわゆるマリオネットラインへとお悩みが移行します。つまり、たるみの進行は頬から口元、そしてあごや首へと、徐々に下がっていくわけです。

これをなるべく食い止めるためにも、自分に合ったマッサージなどのケア方法を見つけることが、大人世代に共通の美容の課題といえるでしょう。私の場合は、メイクアップアーティストの早坂香須子さんおすすめのセルフマッサージのおかげで、表情筋のこわばりや顔のむくみがだいぶ気にならなくなりました。早坂さんがプロデュースする、ネロリラ ボタニカのクレイマスクも、肌の底力をアップさせてくれるのでお気に入り。素敵な人たちにたくさん会って、話して笑って楽しい時間を過ごすことも、表情トレーニングと心の美容に効果的ですよ。

女性の老化は、徐々にではなく「ガクン」とくるのが特徴ですが、今のうちにこうしたスキンケアで美肌力を蓄えておけば、「ガクン」がきても大きなダメージは避けられます。

まだ30代というあなたは、今のうちにがむしゃらに働いて、40代以降の美容に備えるべきかも？　大人の美容はそれなりにお金と時間がかかりますから、予算に余裕があるに越したことはない、というのが経験者からの助言です。

p o i n t

「推しパーツ」と
「美人見えパーツ」を押さえる
顔の中の「端」が美しいと美人に見える
下唇のボリュームが、
華やかな美人オーラを作る
大人の「肌がきれい」は、
百難隠す

5

fashion

「雰囲気美人」に見える服

「上質素材」と「肌見せ」の駆け引きが、大人のおしゃれのキモ

派手なネイルアートからは程遠い私にも、「爪にちょっとおしゃれをしたい」というお客様からオーダーをいただくことがあります。

そんなとき私がご提案するのは、質感と色を変えること。たとえば、ラメの上からマットコートをしたり、マニキュアの色を混ぜたり。

同じラメでも、チープな雰囲気のラメと、絶妙な輝きのラメは、見え方がまったく違います。色も、ほんのちょっとニュアンスを加えると、「その色どこの？」と聞かれるような素敵な雰囲気が漂うのです。

質感と色に対する共通のオタク心を持っている編集者と雑誌撮影の打ち合わせをするときには、ネイルの単色を決めるのに何時間も話し合います。マニキュアの色ひとつが、メイクやファッションの色を取り込んでまとめる役割をしたり、対比で映えたりするからです。たとえ単色のネイルでも、色の奥行きや質感しだいで、はっとする

ほど素敵な雰囲気を出すことができるのです。

ファッションも、実はこれと同じお話ではないかと思います。

私の周りの雰囲気美人たちが、普段どんな格好をしているかというと、実は意外にカジュアルです。コットンのTシャツやデニム、あるいはざっくりとしたニットやリネンのスカートなどを、さらっとまとって現れます。いたってシンプルなスタイルなのに、それがなんとも素敵。おしゃれは真似からというけれど、気取っていないのにラフすぎないその絶妙さは、簡単には真似できないもの。けれど、もしこんな雰囲気美人を目指すなら、質感＝上質な素材と、色にこだわることが近道かもしれません。

コットンでも体を美しく見せる素材感のものを選んだり、ニットなら、ざっくりしたローゲージのカジュアルなものはVネックで肌をある程度見せてフェミニンに着こなし、タートルネックやクルーネックなら骨格が透けるような薄手のカシミアを選ぶなど、見える肌の割合に合わせて素材感を着分けると素敵。色もまた、上質な素材であれば、肌に映えるような絶妙な発色をかなえてくれるのです。

服は、全体の中で占める分量が多い分、その人の雰囲気に大きく影響する部分です。そういう、広い部分だからこそ、素材感と色がものをいうのだと思います。

上質な素材は、一見普通の格好でも「どこか違う」「なぜかきれい」というニュアンスをもたらしてくれますし、体を美しくも見せてくれるもの。そして色は、その人のキャラクターやイメージを表現してくれたり、トレンドも楽しめるものです。

そもそも、毎日着るのは「普通の服」。特に大人になるほど、どんな服でも似合うというわけにはいかなくなるので、シンプルでベーシックな格好が自然と増えているはずです。

そんなとき、シンプルな装いでも目を引くような存在感を醸し出し、おしゃれを成り立たせてくれるものこそ、やはり素材感と色だと思うのです。

とろみ素材は、百難隠す（ただし上質なものに限る）

雰囲気美人のおしゃれは、上質な素材あってこそ。

とはいえ、どんなに上質でも体形をきれいに見せてくれるものでなければ、身に着ける意味はありません。

たとえば、パリッとしたコットンを、大人の女性が素敵に着こなすのは案外難しいもの。ハリがあるのでボリュームが出てしまったり、丸みを帯びた体にうまくなじまなかったりすることがあります。一方、変にシナッとしてコシのない素材は、逆に大人世代が隠しておきたい・見せたくないボディラインを拾ってしまい、悪目立ちさせてしまうことも。ですが、上質な素材なら、たとえシナッとしていてもほどよい厚みや織りの具合で、体の上をなめらかにすべり、よけいな肉感を拾うことなく大人の体を柔らかく美しく見せてくれるでしょう。

私自身、なるべく体形がきれいに見える素材を求めていろいろ試してきましたが、いちばんいいと思えるのはテロンとしたとろみ素材。「百難隠す」といってもいいくらい、大人の体をきれいに見せてくれる実感があります。

最近私が購入したのは、シルクのワイドパンツ。素材にしっかりと厚みがあって、なおかつ光りすぎない絶妙な風合い。なのに、自宅で洗えるところも高ポイント！大人の女性の体を熟知したさすがの仕立てで、周りの人から「どこのブランド？」「きれいに見える」「細く見える」とよくほめられる、お気に入りです。

とろみ素材は、あまりに安価なものだと安さが際立って逆効果ですが、こういうシルクのように上質なものなら、それだけのニュアンスを与えてくれますし、なめらかに溶け込むような質感ゆえに、自分の体にもほかのアイテムにもうまくなじんでくれると思います。

プチプラから上質まで。素材選びをマスターすれば、ファッションをハズさなくなる

上質な素材と同じくらい大切な要素は、色。

ネイルの場合も同じですが、「肌になじみやすいのはグレイッシュなトーン」と、私は定義しています。私の周りの雰囲気美人も、ベースはそうしたあいまいなカラーで統一して、鮮やかな色は差し色に使う人が多いようです。

服の発色のよさは素材の質に比例するので、私がビビッドカラーを着るときは、なるべく上質な素材のものから選ぶようにしています。すると、赤や緑などの原色も、濃いピンクなどのポップな色も、インパクトがありながら上品に感じられるのです。ベージュなどの繊細なペールカラーも、同じく上質な素材から探すのがベター。

逆に、素材の質による発色の差が出にくいのは、カーキやグレーといったシックなニュアンスカラーです。今はプチプラ服も進化していますから、こうした混色のアイテムを探すときはお手頃な価格帯から狙ってみるのもおすすめです。

「自信のあるパーツ」を出せる丈にこだわる

上質な素材と色に加えて、雰囲気美人の服に大切なことは「体がきれいに見える丈・形」です。自分の体がいちばんきれいに見えて、自信のあるところを出せるデザインとはどんなものかを知っている人が、服で雰囲気を出せる人なのです。

まず、丈。スカート丈、パンツ丈、袖丈、ブーツの丈など、丈はほんの少しの違いでも大きな差が出ます。

夏のノースリーブも、肩がどこまで出るかによって見え方は違ってくるもの。カッティングによっては腕が太く見えてしまうこともありますし、フレンチスリーブのようにちょっぴり肩を覆うだけで、グッと細く見えることもあります。

脚も、せっかく出すなら美しく見せたいもの。細くて長い脚ならどんな丈でも構わないでしょうが、

「膝下丈なら、ふくらはぎのいちばん細くなっているところがギリギリ出る丈」

「ロングなら、足首の上のいちばん細くなっているところがギリギリ出る丈」

こんな風に、雰囲気美人たちは自分の脚がいちばん細くきれいに見える、絶妙な丈というものを知っているのです。

ちなみに脚は、パンプスの甲の開き具合でも印象が変わるものです。

私が「これは美脚効果がある」と実感したのは、指の付け根が見えるくらい甲が広く開いた、ベージュ系のパンプス。足首から足の甲、そして靴のベージュ色がつながって、脚を長くきれいに見せてくれます。

ゆるくても、「どこかが締まっている」ことが大事

次に形、つまりシルエットで大切なことは、メリハリです。

ワイドパンツなら腰回りがピッタリしているとか、ギャザースカートなら骨盤より下からギャザーが寄せてあるとか、どこかが締まったデザインなら、やたら広がってボリュームが出てしまうのを避けられます。

要は、「もたっとして見えない」ということが、大人になるほど大切なわけですね。

加齢によるボディの増量は、大人世代に共通した深刻なお悩みのひとつ。同世代と集まって服のことをおしゃべりしていると、たいていは「あれが細く見える、これは太く見えるからだめ」という話題に終始するものです。

20代、30代のお肉のつき方は「ぽっちゃり」という感じですが、40代以上は「むっくり」してくるのが特徴。肩や背中が丸くなって、ずんぐりしてくるのです。かといって、それを「隠す」という方向に走ってしまうと、さらなるオバさん化を招くことに。

必要なのはひたすら隠すことではなく、「美しく見せる工夫」なのだと、私は思います。

「肌見せのベストバランス」を知っておくのは、大人の心得

フランスやイタリアなど海外の大人世代の女性たちは、たとえデコルテがやせていてもそばかすがあっても、かまわず深いVネックを着ています。

ですが、それがかえって潔くすっきりしていて、いやらしさも感じません。年齢を重ねることでだんだん体を隠していきたくなるところを、「私は隠さない」という潔さがかっこいいし、それが洗練された雰囲気にもつながっているのでしょう。

「出すなら出す、隠すなら隠す」と肚を決めてしまったほうが、本当に美しい装いになると私は思います。

Vネックを手にとったにもかかわらず「見えちゃうかも」という自意識に縛られて中途半端な開き具合のVネックを選ぶより、いっそ「見えちゃってもいいや」と潔く出してしまって、そのかわり見えてもいいような美しいインナーを着ておくほうが、ずっと素敵に見えると思うのです。

なにも、Vネックは白いデコルテにほどよいバストのふくらみがないと着てはいけない、ということはありません。豊かなバストならゴージャス、そうでないならヘルシーでさわやか。「あるから見せられない」「ないから見せられない」という心配は無用です。

ただ、アイテムごとに「自分にベストな開き具合」を知っておくことは必要でしょう。たとえば、私は首が太いほうで、常に凝っていて張っていることもあり、詰まったネックラインが自分にあまり似合わないことを知っています（ですから、「このクルーネックがもう1センチ深ければ買ったのに」「もう少し幅の広いVネックだったら似合ったのに」と、ネックラインを見て買うのを思いとどまることがよくあります）。

そして、「襟開きの大きいトップスでデコルテを出したら脚は出さない」「ランニングワンピースを着たらカーディガンを肩にかける」など、「こちらを出したらあちらを詰める」というバランスを守ること。そうして、全体の肌見せの分量を調整すれば、品を損なうことなく、抜け感のある装いになります。

たとえ見えなくても、つけているインナーの気分は、外に漏れ出ている

ところで、服が大きく開いていてもそうでなくとも、インナーに気を遣うのは、やはり大人のたしなみです。冬のペディキュアや足のかかとと一緒で、普段見えないところがふいに見えたとき、その部分が与える印象は特に鮮烈なのです。

キャミソールなど、普段見えないはずのものが、「偶然見えているのか、見せているのか」くらいの、微妙なラインで覗けたとき。その、ほんの少しだけ覗けたインナーが素敵だったら、印象に残る美人度はグンとアップするはず。ですが、もしそうでなかったら……残念な結果は避けられないでしょう。

見えないところをきちんとしておくことを、まるで損であるかのように思ってはいけません。よいインナーを着けると、安心感や自信も得られるものです。たとえば、上質なシルクの下着を着けたときは、それを塗りたてのネイルのように大切にまとうことで、装いに「気持ちの変化」もプラスされるもの。それが、素敵な雰囲気を作り

出すと思うのです。

私の周りの雰囲気美人たちも、もちろんインナーやランジェリーにこだわっている人ばかり。誰かの誕生日のときには、イタリアの某有名ブランドの上下セットを、みんなでプレゼントしたりもしています。

そんな、宝石のようなランジェリーをデイリー使いするほどではありませんが、私もランジェリーには自分なりにこだわっています。ガッチリ寄せて上げるようなホールド力の強いものは、あまり選びません。ボディメイクにこだわりすぎて不自然なシルエットになるより、着けていて心地よいものが好みです。

好きで自分に合うランジェリーブランドを見つけてからは、季節ごとに選ぶのも楽しみのひとつ。そして、朝に配信されてくる占いのラッキーカラーを身に着けたりもしています（笑）。

そんなランジェリーやインナーを身につけるときの気分も、雰囲気の一部となって身の周りに漂うような気がするのです。

アクセサリーの「揺れ」と「重なり」で、雰囲気を深める

肌を出したら、ほしいものはアクセサリー。耳元、首元、胸元……出ているところにうまくマッチングすると、本当にきれいでおしゃれです。

雰囲気美人のアクセサリー使いとしておすすめなのが、「揺れ」と「重なり」。

「揺れるものは視線をとらえる」とはよくいわれることですが、もうひとつの効果は抜け感です。垂れ下がって揺れるタイプのアクセサリーは、髪型に毛先で動きを出すのと同じく、装いに動きを与えて抜け感をもたらしてくれるのです。たとえば、胸元が開いたトップスに細く垂れ下がるピアスを合わせたり、ポニーテールをした耳元に大きなパーツのイヤリングをしている雰囲気美人は、とても素敵でした。

また、華奢なアクセサリー同士の重なりは、繊細な雰囲気を醸し出してくれます。

首元が寂しいと感じるときでも、太いネックレスを1本するより、うんと細いものを

2～3本つけたほうが素敵。長いネックレスなら、乳間までの長さが女らしくておすすめです。

とはいえ、私自身はアクセサリーに憧れつつも、うまく取り入れられないのが悩みです。

肩こりだからネックレスはつけたくないし、リングは指がむくんで外したままどこかに忘れてきてしまうし、お気に入りのピアスも過去に何度もなくしたトラウマが……。でも、そろそろ何もつけないと寂しく感じる今日この頃。

そんな私が唯一つけるのは、バングルや時計です。顔から離れたところにあるから、気軽にファッションとして取り入れやすいのはネイルとも似ています。選ぶときもネイルと同様、手元だけを見ず、全身鏡でチェックするのがポイント。

今はこんな感じですが、大人は装いがシンプルになる分、アクセサリー使いで、繊細な雰囲気をうまく取り入れられるようになりたいものです。

ドラマティックに印象を変える「ネイルで差し色」という考え方

雰囲気美人のファッションは、差し色でさらに印象的に仕上がります。

差し色の役割は、コーディネートにアクセントをつけたり、今の気分やトレンドを取り入れたりすることですが、これは大人になるほど大きな意味を持ってくるもの。

大人の体には、トレンドの奇抜なフォルムがなんでも似合うというわけにはいきませんし、ベースカラーもネイルと同じく、肌がきれいに見えるベーシックな色を選ぶのがいちばん。こんな風に、ともすればニュートラルすぎて平坦になりがちな装いには、意識してピリッとしたスパイスを取り入れる必要があるわけです。

差し色というと、普通はバッグや小物で取り入れるものですが、私は唇や爪などメイクを差し色にするのも素敵だと思います。

たとえば、白いシャツを着たショートカットの女性が、まくった袖から見えた手に、真紅のネイルを施している――一見、シンプルでサバサバとした雰囲気は、指先の彩りによってあざやかに翻《ひるがえ》されます。ボーイッシュに見えていたキャラクターも、「女っぽい」という印象に変わるでしょう。

ネイルの差し色ひとつで、その人の印象をこんなにもドラマティックに変えることができるのです。

ちょっと気分を変えたくなったときや、季節と季節の端境期《はざかいき》にも、ネイルでトレンドカラーを楽しんだり、少し先のシーズンカラーを取り入れたりすると、アイテムを買い足すより気軽にイメージが変えられるので便利です。

たとえば、そろそろ春物の服が店頭に並びはじめるという時期ならピンクを塗ってみては？「もうすぐ春ね」と指先から感じさせるような色を塗ると、服は冬物のままでも、さりげなく春めいた雰囲気になります。

雰囲気美人の土台を支えるのは、「魅せる靴」と「歩く靴」

私が言うまでもなく、ファッションにおいて靴は大切なポイント。装いの末端を引き締める靴が素敵なら、それだけで全体的な雰囲気も底上げされます。

そんな靴についての私のモットーは、「魅せる靴」と「歩く靴」を持ち分けるということ。いわば、レザーバッグとエコバッグのようなもので、兼用ではだめなのです。

選ぶときの条件は、いずれも痛くならないことだけがマスト。

大人の雰囲気美人にとって、立ち居ふるまいは大切な要素だと思います。姿勢と所作が美しいだけで、「なんだかきれい」に見えるからです。ところが、痛い靴を履いていると、姿勢は崩れて、歩き方もおかしくなってしまいます。

どんなに素敵なファッションも、美しく見えるかどうかは姿勢しだい。そう考えると、靴はますます重要度の高いアイテムということになりますね。買い慣れたブランドであっても、ぜひ店頭で試し履きすることをおすすめします。

「自信の持てる服」を中心に、色や小物で幅を広げる

大人の雰囲気美人のなかには、ひとつのブランドしか着ない人もいますし、常に決まった色だけを選ぶ人もいます。そのくらい、みんな好きなものやこだわりがはっきりしていて、あちこち目移りしたりブレたりすることがありません。

そういう、確信をもって選んだ服に包まれているから、彼女たちはいつも自分らしくしていられるのだと思います。

自分が好きで納得できている格好のときは、自信を持ってふるまえるもの。多少のことならはねのけられる気分ですし、発している雰囲気もこなれていい感じになるでしょう。「自信を持って服を着る」というのは、身にも心にも大切なことなのです。

好きで自信の持てる服だけで構成されたワードローブが、私の理想。同じような格好であっても、アクセサリー使いや差し色でうまく幅を広げているような人こそ、本当におしゃれだと思います。

「この服を着たい」という気持ちが、自分を一段持ち上げてくれる

とはいえ、「私は私」という自分らしさの中に安穏《あんのん》としているばかりでは、雰囲気美人でい続けられません。

雰囲気美人には「美人」という言葉がついているわけですから、常にブラッシュアップしたり、アップデートしたりと、自分の中でちょっとしたイノベーションを起こし続けることが必要です。そうして前進し続けてこそ、いつでも「旬」な人でいられるのです。

そのためには、「こうなりたい」という自分なりの希望や夢、人からのアドバイスといった、チャレンジにつながるような材料が必要。それが、私の場合はショップの販売員さんという存在です。

私がよく買い物しているブランドの販売員さんは、出かける度にあれこれと服を出してきてくれるのですが、「あっ、これは違いますね」と、似合わないものは正直に言っ

てくれます。そのかわり、似合うものは、私が尻ごみしていたとしても「これは似合うから着ましょう」「こんなときにこうして着ればいいですよ」と、強く押すのです。もちろん、売るのが仕事ですから押すのは当然といえばそうなのですが、彼女は服を通して、私の可能性を押してくれているわけです。そして、「これで勉強してくださいね」という課題の意味で、服をすすめてくれているのだと思っています。

そんな彼女が口にした言葉で、私が特に深くうなずいたのが「買ったら着る」。シンプルだけれど、着る勇気が出るし、着るためにする工夫も楽しめるようになります。

ですから、押されて買ったものの、実は着ていないものがある……というのは、彼女の責任だとは思っていません（笑）。基本的には「授業料を払ったのだ」と思うようにしていますし、今は着ていなくとも、いずれそれを着るためにやせようとか、努力したいと思えるものはちゃんと取ってあります。

「この服に自分を当てはめよう」という意識は、自分を持ち上げてくれるきっかけになるからです。

「理想」「希望」「現実」。そのはざまに、自分だけの香りを探す

最後は、見えないけれど体にまとうものである、香りについてお話ししたいと思います。

自分の香りと呼べるものを持っている女性は、特別な意味で人の印象に残るものです。

スタイリストの亘つぐみさんは、いつも決まった香りをさせている人で、それが彼女のトレードマークになっています。なんともいえず甘く深く、流行りの香水のようなわかりやすい香りとは明らかに違って、誰も真似できないような香りが大人らしく素敵。聞くと、パチュリの入った天然の精油だそうで、存在感があるのに不思議と重さがないのは、ナチュラルな素材ゆえなのでしょう。

私自身が今愛用しているのは、アトリエ・コロンのブランシュ・イモーテル。甘さとスパイシーさのバランスが絶妙で、ようやく巡り合えた自分の香りだと思っていま

すが、ここに至るまでにはかなり時間がかかりました。

私は、香水選びには3つの要素があると思っています。

・「女は本来こうあるべき」という理想

・「人にこう思われたい」という希望

・「自分が好きかどうか」の現実

この3つの間で行ったり来たりしながら、ピンとくるものを探り当てていくのです。

たとえば、私にとっての「理想」であり「希望」でもあるのは、ミス ディオール。フェミニンなかわいらしさがほしいとき、ミス ディオールの甘い香りはそれを叶えてくれる気がします。でも、実際によくつけているのはウッディ系で、これが「現実」。普段は、こういう香りのほうが落ち着くわけです。

こうした「理想」「希望」「現実」のはざまで、自分の香りと呼べるものに巡り合うのは、ちょっとした運命のようなものでしょう。

その旅を楽しみつつ、いくつかの香りを予定や相手によって使い分けるというのが、現実的で賢い香りとのつき合い方ではないでしょうか。

もし、シャンプーやボディローションなどと香水の香りが混ざってしまうのが気になる場合は、香水以外のアイテムを天然素材のものにするのがおすすめです。合成香料の香りはある程度持続するようになっていますが、天然素材の香りはすぐ飛ぶので、重なっても邪魔になりません。

また、TPOによっては「香らせない」という選択をするのも、大人のたしなみ。

ukaのロングセラー商品であるネイルオイルには、「ベーシック」という無香料のタイプがあるのですが、これは香りが苦手な人や自分で調香を楽しみたい人へ向けているほか、お寿司屋さんなどに行くときでも香りを気にせずネイルケアできるように作ったものなのです。

会っている間も別れたあとも、美しい印象を残して人の心をなごませる、そんな風に香りを使えるようになれてこそ、雰囲気美人です。

p o i n t

上質な素材が、
美人の雰囲気を作る
肌見せのバランスで美しく見せる
見えていないところにかける気持ちが、
雰囲気に出る
自分だけの香りを持つ

6

mind

心の中が、雰囲気に出る

「いつもここがきれい」というところを3つ持つ

きれいについて考えるとき、普通はどうしてもコンプレックスに意識がいきがちです。「今の自分が気に入らない」「嫌い」という人もいるでしょう。

けれど、欠点を隠すことばかりに一生懸命になると、そのネガティブさが表に現れるだけでなく、欠点もかえって悪目立ちしてしまいます。

それより、自分の見せどころを探して、そこをどう引き立たせるかを考えたほうが、全体として素敵に見えますし、その部分の印象が強くなれば、欠点は人の印象には残りません。

雰囲気美人は、「いつも髪がきれい」「手がきれい」というように、いつも「どこか」がきれい。そこが全体の印象になり、「なんだかきれいな人」という雰囲気につながっているわけです。

要するに、常にどこかきれいなところが2〜3個もあれば、十分きれいな人になれることということ。

今の自分を改めて振り返り、「いつもここがきれい」といえるようになりそうなところを、選んでみましょう。できれば、3つ。

顔の輪郭、ほっそりした首、しゃんとした姿勢、真っ白な二の腕、丸いヒップ……。よくほめられるところでもいいし、ここまでご紹介したような「全体の中で目につきやすいパーツ」でもかまいません。それらを常にしっかり磨いて、あなたの全体のハイライト=見せどころにすればいいのです。

私のおすすめは、やはり手です。自分で簡単にできて、効果もわかりやすいからです。きれいになった手や爪をながめていると、「なかなかいいな」と嬉しくなります。そういうことの繰り返しで、自分の好きなところが増えて、今の自分をだんだんと受け入れられるようになっていったら、いつの間にか雰囲気もすっかり変わって「なんだかいい感じ」になっているはずです。

見た目の満足と心の満足は表裏一体

雰囲気美人であろうとしたら、やはり最後は心のありようが決定打になるでしょう。心の中が満たされていれば、発する雰囲気もおだやかなものになるはず。けれど、心の中が寂しいと、身なりをきれいにしていてもどこかくもって見えてしまいます。

たとえば、同じ「忙しい」でも、自分の好きなことや楽しい予定で充実して忙しいのか、やらなければいけないこと、面倒なことに追い立てられているのかでは、まったく違うでしょう。

トータルビューティサロン・ｕｋａの理念は、「忙しくて、めんどくさがりで、よくばりな女性たちをきれいにすること」ですが、そんな忙しい方々には、リフレッシュして心の中からきれいになって帰っていただきたいと思っています。

きれいになりながら、「嬉しい」「楽しい」と感じられる。忙しい女性が、「来てよかった！」「私、いい感じ！」と思えるような時間を提供できる。そういう、心地よい接客のできるサロンでありたいのです。

それはやはり、心の中が表情に出るから。

来店されたときは表情がぎこちなかったり、どこか上の空だったりしたお客様が、お帰りのときに生気が戻ったようにいきいきとされていると、私たちも嬉しくなります。そんなお客様の「ありがとう」で、私たちの心も満たされます。

心の中が満たされてこそ、等身大の自分に戻れるし、自信も持つことができるもの。

そのとき、人の佇まいは自然に輝いて見えるのです。

目線を上げると、雰囲気も上を向く

もし、忙しかったり疲れていたりして、心の中がなんとなくモヤモヤしているとき。今すぐできて、即効性がある対処法は「歩くときに視線を上げる」ということです。胸を張って、真正面よりほんの少し上を見るようにすると、つられて気持ちもしゃんとします。さらに、姿勢がよくなるので、見た目の雰囲気がグッと明るくなります。

ちなみに、姿勢は大人の雰囲気美人にとって、かなり大切な要素です。ピンとまっすぐな背すじや、すっと伸びた首のラインで、「後ろを向いていてもきれいな人なんだな」と思わせることができたら最高。

加齢とともに、背中にもお肉はつきやすくなるものです。丸い背中になってしまう前に、背筋を鍛え、肩甲骨を下げることを意識して背中のラインをすっきり保ちましょう。

6

mind

心の中が、雰囲気に出る

雰囲気美人は、人と比べて落ち込まない

雰囲気美人は、誰かをライバル視したり、あからさまに張り合ったりせず、いつもマイペースに自分らしさを楽しんでいるように見えるものです。

といっても、もちろん人間ですから、心の中ではほかの人のことが気になったり、人からどう思われているかが気になることは、それなりにあると思います。

他人と自分を比べてしまうのは、自分の中に何らかのコンプレックスを抱えているときではないでしょうか。自分が気にしていることがあると、無意識に他人の中にもそれを観察して、自分と比べてしまうものです。

「他人－自分＝○○」

こんな風に、ひそかに比べて計算した答えに一喜一憂して振り回されてしまうのですね。

ですが、自分のことをちゃんと受け入れている人は、そういう感覚では比べていな

いのだと思います。学ぶ気持ちで比べるなら、素敵に変わるヒントをたくさん得られるのではないでしょうか？

「他人－自分＝〇〇」をするなら、出てきた答えに応じて行動を起こしましょう！違いをポジティブに捉えて、そこから何かを始めてみるなど、自分の変化を楽しんではいかがでしょうか。それが、自分も他人も認めて受け入れる、ということではないかと思うのです。

ここまでいろいろなお話をしてきましたが、素敵な雰囲気作りの本当のスタートは、まず「自分をまるごと受け入れる」ことなのだと思います。

今の自分のことがわからなければ、自分のいいところも、自分らしさも、どんな風になりたいのかもわからないでしょう。

雰囲気美人は自分を受け入れているからこそ、人との違いを感じても嘆いたり落ち込んだりしません。むしろ違いを楽しみ、ありのままに輝いていられるのです。

年齢のタグ付けは意味がない

体形や顔立ちなどコンプレックスにはいろいろあれど、大人世代の女性が共通して意識してしまうのは、やはり年齢のことではないでしょうか。

気にしているがゆえに、「私なんてオバさんだから」「歳だし経験豊富だから」なんて、自虐的なことを言ってしまったりしていませんか？

ですが、年齢にふさわしいファッションやふるまいを意識することと、「私なんてオバさん」というエクスキューズとは、まったく別。相手に自ら「オバさん」と伝えて、得をすることは何もありませんし、周りにいる同年代の「オバさん」たちも気を悪くするでしょう。

すべては、雰囲気です。

ある男性は、「その人の雰囲気さえ固まっていれば、そのほかのことは気にならない」

と言っていました。全体的な雰囲気が女性として素敵なら、脚が太かろうと何だろうと気にならないし、ましてや目に見えない年齢など、まったく関係ないのだそうです。

男性は、私たちが思うよりずっと、女性を女性として意識しているようです。それを、あからさまに態度に出したり口に出したりして、恋愛関係になろうとはしなくとも、目の前の女性を「異性」として意識することを楽しんでいるのです。

ところが、女性のほうが「私なんてオバさんだから」と言ったとたん、「素敵な○○さん」は、「×歳離れた上司」とか「×歳のベテラン社員」になってしまうわけです。

雰囲気美人に「年齢」というタグ付けをして台なしにしている犯人は、年齢を気にする本人なのです。

ここで、格言をひとつ。「気になっても、口に出さないこと」

予定があることが、「きれいのスイッチ」を入れるモチベーションになる

きれいになるための顔や体のお手入れ、そしておしゃれは、楽しいけれど同時に面倒でもある——というのが、多くの女性にとっての本音ではないでしょうか？　正直言って、予定がなかったら何もする気が起きないわ！　という方もいるかもしれません。

確かに、誰にも会わないのにおしゃれをしようとは思えないし、バカンスに行く予定もないのに水着を買ったり、ペディキュアをしたりは、なかなかできないものですよね。

ですが、予定を入れると、そこに向かって美容や服を意識することになります。きれいのスイッチが入るのです。

ちなみに、私の周りの雰囲気美人は、いつも忙しい人ばかりです。仕事はもちろん、

プライベートでも年中飛び回っているのですが、その都度、その予定に向けてお手入れをしたり、その時々に合ったファッションやネイルを楽しんだりしているからこそ、停滞した感じがなく「今っぽい」のだと思います。

同じきれいになるにしても、家の中で鏡を見つめてうっとりするだけでは自己満足ですが、予定のためにきれいになることは、ひとりよがりではなく「場になじむきれいな人」という、みんなに喜ばれるメリットも生むものです。

そもそも、ｕｋａがトータルビューティサロンとしてヘア・ネイル・フェイシャルとさまざまなメニューを用意しているのは、そんな忙しい女性たちでもいっぺんに用事を済ませられるようにするため。

さあ、ワクワクするような予定をどんどん入れましょう！　観劇やコンサート、一泊旅行やランチ、ショッピング、何でもかまいません。

どんどん出かけて、頻繁にきれいを鍛えておいてください。

遠くの自分より、来週の自分をきれいにする

美容の目標というのは、あまり遠くに設定するより、来週の自分とか来月の自分を素敵にしてあげる、という近い目標のほうがイメージしやすく、達成もしやすいもの。

「来月までに3キロやせるために、今日は間食をやめて、明日から走ってみよう」

「来週1週間、20時以降は食事を摂らないようにしよう」

こういう短期目標の繰り返しで、自分に刺激を与え続けていると、結果的にいつも素敵な人でいられることにもなります。

「きれいを鍛える」というのは、こういうこと。

急に食事会や同窓会といったイベントが飛び込んできても、大人は明日すぐきれいにはなれないのです！

厳しい意見をもらっても、傷つかない

現状維持にとどまらず、常に自分をブラッシュアップし続けるには、さまざまな情報集めが効果的。ですが、何より効くのは第三者の意見です。

好きなもの、気分にしっくりくるものを選べるのは自分しかいませんが、「それが他人の目からどう見えるか」という問題については、第三者の目が必要なのです。

先日、あるブランドのサンプルセールに出かけたときのこと。だいぶお手頃な値段になっていた、ワンショルダーのフリル付きトップスを見つけた私は、その場に居合わせた仲のいいスタイリストさん2人に「どう思う？」と聞いてみました。彼女たちはいつも、ズバッと真実を伝えてくれるからです。案の定、こうでした。

「肩出し？　やめなさい」

「フリル？　キャラじゃないでしょ」

「そんなの着たって、どうせ寒くて上から羽織るんだから。大人なんだから」

私は深く「確かに」と、納得しました。厳しいな、と思われましたか？　でも、こういうことをお互いに言える存在はとても大切なのです。

女性同士はたいてい忖度《そんたく》しがちで、言うとしても優しすぎ。あなたも友達に「どう思う？」と聞かれたとき、「いいんじゃな〜い」なんて、見もせずに答えたりしていませんか？（笑）

でも、優しさのつもりでほめてばかりいたのでは意味がありません。

貴重な意見をもらえるような関係性を作るには、まず自分のほうから友達に対して、親身に正直に意見を伝えるようになってみましょう。それを受け入れてくれる人と関係を深めていけば、お互いに進化できるようになるはずです。

ただし、言い方には十分気をつけることと、はっきり言われても傷つかないことも大事。もし私が「えっ、ひどい……」なんて本気で傷ついてしまったら、友人たちはもう何も言ってくれなくなってしまうでしょう。

たとえ言われたときはショックを感じたとしても、自分の知らないところで恥をかくより、ずっとましではありませんか？

「等身大の自分」を楽しむ余裕が、美人の雰囲気を倍加させる

女性が美しさを追求したくなるのは、自然なことだと思いますが、ファッションも美容も隙がなさすぎる「完璧主義」では、威圧感が出てしまうもの。特に、年齢を重ねた大人の女性がそれをやると、素敵な人というより「怖い人」になってしまいます。大人になったらむしろ、「無理をしていないか、頑張りすぎていないか」「疲れていないか、心地よく感じられるか」ということを大切にして、適度な抜け感を持ったほうが素敵に見えると思います。

目のいきやすいところがちゃんとお手入れされていて、さらにきれいだと思える見せどころが2～3個あれば、十分。

多少シミやシワがあろうと、スタイルのよくないところがあろうと、そんな等身大の自分を自分で楽しんでいる姿が、魅力的なのです。

それに、欠点が欠点になってしまうか、むしろチャーミングに映るかは、本人の気の持ちようでしょう。本人が明るくミニスカートをはいていれば、太い脚もなんだかかわいく見えるけれど、「脚が太いから」「シミがあるから」「胸がないから」とか、そういう卑屈な思いが身なりやふるまいに垣間見えると、相手もその現実に気づいてしまうわけです。

「バレる前にバラす」――その潔さこそ魅力です。雰囲気美人は、自分が欠点だと思っているところがあっても、それはそのまま受け入れて、堂々としています。

ただし、すべてを受け入れて等身大でいるというのは、開き直って手を抜くこととはまったく違います。「このガサガサの手が私らしいの」なんて、とんだ勘違いをしないこと（笑）。

等身大でいるということは、自分を諦めたり捨てたりすることではありません。自分のすべてを、まるごと愛して引き受けるということ。個性は個性として愛し、もしレスキューを求めている部分があるなら、それを無視せずケアして、自分を心地よい状態に導いてあげたいという気持ちと努力が必要なのです。

雰囲気美人は、きれいのエネルギーを周りにシェアできる

本当に素敵な人というのは、ただ黙ってそこにいるだけで素敵なオーラを発しているものです。明るい華やぎがありながら、自然に場になじんでいて、その心地よい存在感に、誰もが安らぎと親しみを感じます。

仕事の現場やパーティーなどでそういう女性たちに出会うと、私はいつも、とてもいい気分にしてもらえます。素敵な人に会うと、こちらのテンションまでグッと引っ張り上げてもらえて、「私も頑張ろう」と思えるのです。

ｕｋａに来られたお客様が、施術を終えるとパッと明るい表情になって、素敵な雰囲気をふりまきながら帰って行かれるのも、同じく嬉しいもの。

あなたが素敵になれば、誰かをそういう気持ちにしてあげられます。素敵になるということは、大げさにいえば「人と世の中を照らすこと」なのです。

女性は、装ったりお化粧したりすることが、初めから認められ、許されている存在

です。ですから、それを思いきり楽しむことが、世の中のためにも役立つと私は思っています。

花が人の心をなごませるように、素敵な人がいるとみんなが嬉しいのです。

また、そういう視点からきれいを考えることが、社会と関わっていく大人の女性のたしなみでもあり、場と人に心地よくなじむ雰囲気美人のあり方ではないか、とも思います。

少女の頃のように鏡の中の自分に恋しているというのは、自己愛・自己完結のきれいです。そうではなく、出会う相手や世の中に対して、TPOに合わせたほどよい空気感・存在感の出し方ができる大人の女性こそ、本当の雰囲気美人。

ひとりよがりなきれいではなく、エネルギーとしてきれいをシェアしてこそ、そのエネルギーを受け取った人たちから「なんだか素敵な人だな」と認識されるのです。

それが、単にきれいな人と、雰囲気美人との違いでもあるでしょう。

その雰囲気に触れると、元気になれる。元気になった人が、ほかの人にその元気を伝える。いずれそれは形を変えて、輝く雰囲気美人のもとへ返ってくるでしょう。

そんな「素敵の循環」を、ぜひあなたから作ってみませんか？

point

33

心の中が、雰囲気に出る

雰囲気美人は、
他人の評価を気にしない

ポジティブだから、
誰もがなぜか気になる

等身大の自分を楽しんでいるから、
輝いて見える

おわりに

「季穂さんは、ご自身だけの魅力を持っていて、雰囲気があるのが素敵。それに、ｕｋａのお客様ってなぜかみんな美人に見えるんです。その〝素敵に見せる秘訣〟を、ぜひ本にしませんか？」

と、編集担当の長久さんに出版のお話をいただいたことから、この本はスタートしました。けれど、最初は思わず「私でいいんですか⁉」……確かに私は、「ビューティを通して世の中の人たちにうれしいを届ける」ことを使命とする企業の経営者ではありますが、実際はめんどくさがりで、たとえきれいのためでも額に汗して頑張るのは苦手。それでいて、よくばりでわがままで、「理想は高く、自分に甘く」がモットーなのです。

そんな私が、素敵に見せる秘訣なんて伝えられるのかしら？　と、戸惑ってしまったというのが正直なところでした。

それでも、思いきってお受けすることにしたのは、冒頭のように思っていただけたことがとても嬉しかったから。そんな大人になりたいと願い続けているのは、ほかでもない私だったからです。

そもそも私は、理想は高く持っているものの、現実は完璧ではないというコンプレックスを、常に抱えています。けれど、そんなコンプレックスも、「雰囲気」という魔法で素敵に変えることができたら――

そんな思いとともに、でき上がった本です。「忙しくて、めんどくさがりで、よくばりな女性たち」へ、頑張りすぎずに自分を好きになるメソッドをできるかぎりご紹介しました。

27歳でネイリストを始めてから、27年。これだけ長い間この仕事を続け、経験をこうして活かすことができたのは、たくさんの素敵なお客様との、手に触れながらおしゃべりする楽しいひとときがあったからだと思っています。

また、私の心の目標である素敵な友人たちとのエピソードも、本の中でいくつかご紹介させていただきました。この場を借りて、御礼を申し上げます。

「理想は高く、自分に甘く」でも大丈夫。雰囲気の魔法で、もっと素敵に、もっと楽しんで生きるために、本書がヒントになれば幸いです。

２０１９年2月　渡邉季穂

使用商品リスト

P76
ネイルファイル

P78 a
uka ベースコートステイ

P78 b
uka レッドスタディワン 1/1

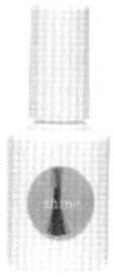

P78 c
uka トップコートシャイン

P80 a
KOBAKO ブロックバッファー

P80 b
uka ネイルオイル 13:00

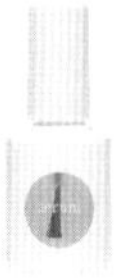

P80 c
uka ベターネイルセラム

P81 a
uka ボディ&フットバーム
ハッピーワーク

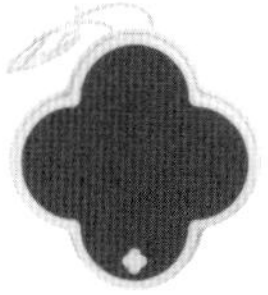

P81 b
KOBAKO ヒールファイル

P81 c
KOBAKO フットスムーサー

［著者］
渡邉季穂（わたなべ・きほ）
株式会社ウカ 代表取締役会長。ネイリスト。インターナショナルネイルアソシエーション理事。日本美容技術振興センター会員。カルジェルエデュケーター。
サロンワークや美容誌・ファッション誌など媒体での創作をメインに、後進育成のためのセミナー講師としても活動。素材の美しさを引き出す“ケア”を重視した独自のネイル技術の普及に努める。技術・経験・センスには定評があり、各界著名人やビューティー関係者からの信頼も厚い。ネイリストとしてだけでなく、美容の新しい価値観を提案するトータルビューティーカンパニーukaの代表としてサロン経営、ブランドの立ち上げから製品開発までディレクション業務を手掛ける。
インスタグラム　https://www.instagram.com/kiho
uka公式HP　https://www.uka.co.jp
uka公式インスタグラム　https://www.instagram.com/uka_totalbeauty

雰囲気からして美人

2019年2月27日　第1刷発行

著　者——渡邉季穂
発行所——ダイヤモンド社
〒150-8409　東京都渋谷区神宮前6-12-17
http://www.diamond.co.jp/
電話／03･5778･7234（編集）　03･5778･7240（販売）

ブックデザイン—アルビレオ
イラスト——オガワナホ
カバー写真—getty images
写真————畑中ヨシカズ（バッファロー1LS）
校正————鷗来堂
製作進行——ダイヤモンド・グラフィック社
印刷————加藤文明社
製本————ブックアート
構成————植田裕子
協力————増子あゆみ（uka）、小嶋優子
編集担当——長久恵理

ISBN 978-4-478-10622-8